Canu	Medieval
Maswedd	Welsh
yr Oesoedd	Erotic
Canol	Poetry

To Joyce & Al, Nov. '91
Unless you know better, I think
we have to take the Welsh on trust!
Sheila & Brian.

D1437966

Canu Maswedd yr Oesoedd Canol

Medieval Welsh Erotic Poetry

Golygwyd a Chyfieithwyd gan

Edited and Translated by

Dafydd Johnston

TAFOL

Cyhoeddwyd gyntaf yn 1991 gan

TAFOL

65 Mardy Street, Grangetown, Caerdydd, CF1 7QW

Cynllunwyd a chysodwyd gan Siân Johnston, TAFOL

Cynllunwyd y clawr gan Annie Grove-White
Arlunwaith gan Natalie Collett

Argraffwyd gan
Gwasg Gomer, Llandysul

Hawlfraint Dafydd Johnston 1991. Cedwir pob hawl

Rhif ISBN 0 9517181 0 X (clawr caled)
0 9517181 1 8 (clawr meddal)

**Mae record gatalog ar gyfer y llyfr hwn
ar gael gan y Llyfrgell Brydeinig**

****

First published in 1991 by

TAFOL

65 Mardy Street, Grangetown, Cardiff, CF1 7QW

Designed and typeset by Siân Johnston, TAFOL

Cover design by Annie Grove-White
Illustration by Natalie Collett

Printed by
Gwasg Gomer, Llandysul

Copyright Dafydd Johnston 1991. All rights reserved

ISBN 0 9517181 0 X (hardback)
0 9517181 1 8 (paperback)

**A catalogue record for this book
is available from the British Library**

DIOLCHIADAU

Diolch i Wasg Prifysgol Cymru am ganiatâd i ailgyhoeddi'r cerddi gan Dudur Penllyn, Ieuan Brydydd Hir, a Dafydd Llwyd o Fathafarn, ac i olygydd *Cambridge Medieval Celtic Studies* am ganiatâd i ailgyhoeddi fy nhestun a chyfieithiad o 'Gywydd y Gal'. Rwy'n ddiolchgar i Cynfael Lake am roi imi ei destunau o'r cerddi gan Huw Arwystli, Hywel o Fuallt, a Dafydd Llwyd Ysgolhaig.

Nid oedd fy ngwraig am imi gyflwyno'r llyfr hwn iddi hi, nac i neb arall chwaith, ond oni bai amdani hi ni fuasai'r llyfr yn bodoli o gwbl.

ACKNOWLEDGEMENTS

I am grateful to the University of Wales Press for permission to reproduce the poems by Tudur Penllyn, Ieuan Brydydd Hir, and Dafydd Llwyd of Mathafarn, and to the editor of *Cambridge Medieval Celtic Studies* for permission to reproduce my text and translation of 'Cywydd y Gal'. Cynfael Lake kindly provided me with his texts of the poems by Huw Arwystli, Hywel of Builth, and Dafydd Llwyd the Scholar.

My wife did not wish me to dedicate this book to her, and certainly not to anyone else, but were it not for her the book would never have existed.

CYNNWYS

Tud.

RHAGYMADRODD   11

1	Cywydd y Gal	*Dafydd ap Gwilym*	28
2	Englyn i'r Gal	*Dienw*	30
3	Cywydd i Anfon y Gal a'r Ceilliau'n Llatai	*Dafydd ap Gwilym (?)*	32
4	I Wragedd Eiddigeddus	*Gwerful Mechain*	36
5	Cywydd y Cedor	*Gwerful Mechain*	40
6	Ymddiddan Rhwng Dau Fardd	*Dafydd Llwyd a Gwerful Mechain*	44
7	Cyngor Hen Wraig	*Anhysbys*	46
8	Cyngor i Gyfaill	*Ding Moel*	50
9	Cywydd y Cydio	*Anhysbys*	54
10	Ffantasi	*Hywel Dafi*	58
11	Rhwystredigaeth	*Hywel Dafi*	62
12	Yr Oed	*Anhysbys*	66
13	Y Ferch yn Ymladd yn ôl	*Anhysbys*	70
14	Ymddiddan Rhwng Cymro a Saesnes	*Tudur Penllyn*	74
15	Ymddiddan Rhwng Mab a Merch	*Anhysbys*	78
16	Y Llances Lysti	*Dienw*	80
17	Y Gwielyn	*Dienw*	84
18	Ymffrost Clerwr	*Iocyn Ddu*	86
19	Y Dyn dan y Gerwyn	*Anhysbys*	90
20	Y Chwarae'n Troi'n Chwerw	*Ieuan Gethin*	94
21	Dialedd y Bardd	*Dafydd Llwyd o Fathafarn*	98

CONTENTS

Page

INTRODUCTION   19

1   The Penis   *Dafydd ap Gwilym*   29
2   Englyn to the Penis   *Anonymous*   31
3   The Poet sends his   *Dafydd ap Gwilym (?)*   33
     Genitals as a Love Messenger
4   To Jealous Wives   *Gwerful Mechain*   37
5   The Female Genitals   *Gwerful Mechain*   41
6   A Conversation Between   *Dafydd Llwyd and*   45
     Two Poets   *Gwerful Mechain*
7   An Old Woman's Advice   *Unknown*   47
8   Advice to a Friend   *Ding Moel*   51
9   Sexual Intercourse   *Unknown*   55
10   Fantasy   *Hywel Dafi*   59
11   Frustration   *Hywel Dafi*   63
12   The Love-Tryst   *Unknown*   67
13   The Girl Fights Back   *Unknown*   71
14   A Conversation Between   *Tudur Penllyn*   75
     a Welshman and an Englishwoman
15   A Conversation Between   *Unknown*   79
     a Boy and a Girl
16   The Lusty Lass   *Anonymous*   81
17   The Rod   *Anonymous*   85
18   A Minstrel's Boast   *Iocyn Ddu*   87
19   The Man Under the Tub   *Unknown*   91
20   A Misadventure   *Ieuan Gethin*   95
21   The Poet's Revenge   *Dafydd Llwyd*   99
                                  of Mathafarn

CYNNWYS

Tud.

22	Elen Deg o Landaf	*Ieuan Brydydd Hir*	102
23	Y Clerigwr a'r Forwyn	*Syr Dafydd Llwyd Ysgolhaig*	106
24	Ceirw'n Ymgydio	*Dafydd ap Gwilym (?)*	110
25	Mab a Merch yn Caru	*Llywelyn ap Gutun*	112
26	Gofyn Clo Cont	*Syr Hywel o Fuallt*	116
27	Mab wedi Ymwisgo mewn Dillad Merch	*Huw Arwystli*	120
28	Dychan i Geilliau Guto'r Glyn	*Dafydd ab Edmwnd*	124
29	Dychan i Gal Dafydd ab Edmwnd	*Guto'r Glyn*	130
30	Englynion	*Thomas Evans*	134

CONTENTS

Page

22	Fair Elen of Llandaf	*Ieuan Brydydd Hir*	103
23	The Cleric and the Virgin	*'Sir' Dafydd Llwyd the Scholar*	107
24	Deer Coupling	*Dafydd ap Gwilym (?)*	111
25	A Man and a Woman Making Love	*Llywelyn ap Gutun*	113
26	To Request a Chastity Belt	*'Sir' Hywel of Builth*	117
27	A Boy Dressed in Girl's Clothes	*Huw Arwystli*	121
28	Satire on Guto'r Glyn's Testicles	*Dafydd ab Edmwnd*	125
29	Satire on Dafydd ab Edmwnd's Penis	*Guto'r Glyn*	131
30	Englynion	*Thomas Evans*	135

RHAGYMADRODD

Mae 'maswedd' yn air sydd wedi ymddifrifoli dros y canrifoedd. Ystyr gadarnhaol oedd iddo'n wreiddiol, digrifwch ysgafn, heb arlliw o gondemniad moesol a heb gysylltiad neilltuol â rhywioldeb. Gyda thwf piwritaniaeth yng Nghymru y daeth i olygu pechod rhywiol yn arbennig, ac i fod yn gyfystyr ag 'anlladrwydd'. Yn ystyr fodern y gair yr wyf i'n arfer y term 'canu maswedd', sef cerddi'n sôn yn agored am ryw ac am aelodau rhywiol y corff, ond rwy'n gobeithio y daw ei hen ystyr i'r amlwg hefyd yn naws ysgafn llawer o'r cerddi hyn.

Ac eithrio dwy gerdd ddigynghanedd ar y mesurau rhydd (rhifau 16 a 19), canu caeth o gyfnod Beirdd yr Uchelwyr yw'r holl gerddi hyn, yn ymestyn o'r bedwaredd ganrif ar ddeg hyd ddechrau'r ail ar bymtheg. Mae rhai o'r awduron yn enwau adnabyddus yn y traddodiad barddol, fel Dafydd ap Gwilym, meistr y canu serch, Dafydd Llwyd a oedd yn enwog fel brudiwr, a beirdd mawl fel Guto'r Glyn, Tudur Penllyn a Hywel Dafi. Yna mae rhai na wyddom ddim oll amdanynt, fel Iocyn Ddu, neu'r bardd a ganai dan y ffugenw 'Ding Moel'. Mae nifer o'r awduron yn anhysbys oherwydd bod eu cerddi'n cael eu cambriodoli i Ddafydd ap Gwilym yn y llawysgrifau. Enwogrwydd Dafydd fel bardd serch oedd y rheswm am hynny, a dengys nodweddion iaith ac arddull y cerddi yn ddigon clir eu bod yn annilys, ond nid oes modd bellach inni ddweud pwy oedd eu hawduron.

Wrth ystyried y beirdd adnabyddus yn y casgliad, gallwn weld fod carfan go sylweddol ohonynt yn eu blodau yn ail hanner y bymthegfed ganrif; Dafydd Llwyd, Gwerful Mechain, Llywelyn ap Gutun, Guto'r Glyn, Hywel Dafi, Tudur Penllyn, Ieuan Brydydd Hir, Ieuan Gethin, Dafydd ab Edmwnd. Dengys ymrysonau barddol rhwng y beirdd hyn eu bod yn adnabod ei gilydd yn dda, a diau mai hwyl rhwng beirdd fel hyn oedd llawer o'r canu maswedd. Mae'n drawiadol hefyd gynifer o'r rhain oedd yn uchelwyr yn canu ar eu bwyd eu hun; Dafydd Llwyd a Gwerful

Mechain, Tudur Penllyn, Ieuan Gethin o Forgannwg, Dafydd ab Edmwnd (a gychwynnodd ymryson masweddus â Guto'r Glyn), a hyd yn oed Dafydd ap Gwilym ei hun efallai. Mae'n debyg iawn nad oedd rhaid i'r beirdd amatur hyn boeni gymaint am y niwed y gallai canu maswedd ei wneud i'w statws fel beirdd. Ac yn sicr mae uchelwr fel Ieuan Gethin yn ein hatgoffa mor bwysig oedd chwaeth y noddwyr i hybu'r math hyn o ganu. Ar ddiwedd y cyfnod mae Thomas Evans, Hendreforfudd, yn esiampl wych o uchelwr a ymhyfrydai yn y canu maswedd - ac nid canu'n unig, os gallwn goelio ei gerddi.

Gwyddom, felly, fod y canu maswedd yn cael ei dderbyn gan haenau uchaf y gymdeithas. Ond mae yr un mor sicr fod dylanwadau arno o gyfeiriad llawer llai aruchel, sef gan y dosbarth o feirdd iselradd a adwaenid fel y glêr. Roedd caneuon bras ac ymffrostio mewn campau rhywiol yn nodweddion ar waith y minstreliaid hyn ledled Ewrop yn yr Oesoedd Canol. Cawn gipolwg ar ysbryd dihitio eu canu a'u ffordd o fyw yn awdl Iocyn Ddu yn adrodd ei helyntion ar daith glera. A gwelwn eu dylanwad yn glir ar ymffrost cyfrwys Dafydd ap Gwilym yn 'Cywydd y Gal'. Er gwaethaf haeriadau'r beirdd swyddogol eu bod uwchlaw'r glêr, y gwir amdani oedd fod y ddau ddosbarth wedi dod yn llawer nes at ei gilydd tua diwedd yr Oesoedd Canol, a thystia bywiogrwydd y canu maswedd fod y glêr wedi dylanwadu'n llesol ar y traddodiad barddol.

Un ffordd y credir i'r glêr gyfrannu i'r traddodiad barddol oedd trwy boblogeiddio dulliau llenyddol estron yng Nghymru. Dau deip o gerdd sy'n gysylltiedig â maswedd ym marddoniaeth Ffrainc yn arbennig yw'r *pastourelle* a'r *fabliau*, ac fe geir enghreifftiau da o'r ddau yn y Gymraeg. Efallai ei bod yn arwyddocaol fod nifer o'r cerddi hyn yn anhysbys eu hawduraeth am iddynt gael eu cambriodoli i Ddafydd ap Gwilym. Tybed ai darnau o waith y glêr yw rhai o'r rhain, megis rhifau 9 a 19?

Mae nifer fawr o'r *pastourelles* Ffrangeg ar glawr, a'r un yw'r sefyllfa bob tro. Tra'n teithio'r wlad bydd y bardd yn cwrdd â merch wledig, ac yn ceisio ei hudo. Bydd hi bob amser yn ceisio ei wrthsefyll, weithiau'n llwyddiannus, ond fel rheol mae'n ildio iddo ar ôl tipyn o ddadl. Mewn nifer ohonynt mae'r bardd yn cymryd y ferch trwy drais, ac fe fydd hithau'n diolch iddo am ei gymwynas yn y pen draw. Mae'n amlwg fod cryn elfen o ffantasi gwrywaidd uchelwrol yn y confensiwn llenyddol hwn. Byddai'r freuddwyd o gael caru'n rhydd gyda merch nwydus yn y goedwig mor wahanol i ddefodau disgybledig y llysoedd. A dyna sut y mynnai dynion yr Oesoedd Canol ddychmygu merched. Y gred boblogaidd, wedi'i chadarnhau gan yr Eglwys, oedd fod merched yn llawer mwy nwydus eu natur na dynion, a bod ganddynt chwantau rhywiol anniwall. Roedd y gred honno yn sail i'r defnydd o drais rhywiol mewn llenyddiaeth ac mewn bywyd go iawn. Os byddai merch yn gwrthod ildio, dim ond ei natur dwyllodrus allai fod yn ei chadw rhag cydnabod ei chwant, ac felly roedd yn iawn ei chymryd trwy drais.

Gwelir yr agwedd hon at ferched gliriaf yn y ddau gywydd cyngor, rhifau 7 a 8, sy'n cyfateb yn agos i'r cyngor a roddir i'r carwr yn y *Roman de la Rose* gan Jean de Meun. Argymell defnyddio trais a wna'r hen wraig, ac mae'n cyfiawnhau hynny trwy sôn o'i phrofiad ei hun am 'maint angen meinwen am ŵr.' Gellir gweld 'Cywydd y Cydio' fel ymgais bwriadol i weithredu'r cyngor yna. Methasai pob ymdrech gan y bardd i ganlyn y ferch yn gwrtais, ond pan fu iddo gwrdd â hi'n ddamweiniol yn y goedwig bwriodd hi i'r llawr a'i chymryd 'yn ddigyngor.' Prawf ymateb brwd y ferch nad oedd ef wedi'i threisio hi mewn gwirionedd, dim ond rhoi iddi'r hyn oedd eisiau arni. Mae'r cywydd hwnnw'n un o'r darnau erotig mwyaf echblyg yn llenyddiaeth yr Oesoedd Canol, am mai prin iawn yw'r defnydd o eiriau teg a throsiadau ynddo. Ac fe ddengys y ferch yn ymddwyn yn union fel y byddai dyn yn dymuno iddi wneud. Mae'r elfen o ffantasi yn gliriach byth yn nghywydd Hywel Dafi, rhif 10, lle gwêl y bardd ferch yn penglinio mewn ystum ymbilgar, a dychmyga ei chael yn rhyddid y goedwig.

Roedd y ffordd dreisgar o drin merched yn rhan o adwaith yn erbyn serch cwrtais a oedd yn weddol gyffredin yn llenyddiaeth Ewrop yn yr Oesoedd Canol diweddar. Cynigiai serch cwrtais ddelfryd aruchel o'r ferch berffaith, ac anrhydedd i'r carwr bonheddig oedd cael ei gwasanaethu'n ostyngedig. Uniad cnawdol oedd y nod eithaf o hyd, ond gwynfyd a ganiatéid gan y ferch yn wobr am wasanaeth ffyddlon fyddai hynny. Nodweddid yr adwaith gan agwedd sinigaidd a bwysleisiai wendidau merched, a defnyddio'r rheini'n esgus i'w trin gyda dirmyg. Nid gwynfyd eithaf oedd cyfathrach rywiol bellach, ond pleser byr a hawdd ei gael, fel y gwelir yn niweddglo hunanfodlon 'Cywydd y Cydio'. Gwelir yr ysbryd sinigaidd hwn ar ei waethaf yn llinellau olaf 'Cyngor yr Hen Wraig', lle awgrymir y bydd y ferch yn gofyn am dâl, er iddi dyngu mai yn erbyn ei hewyllys y'i cymerwyd. Hynny yw, nid yn unig y mae'n nwydwyllt ac yn dwyllodrus, ond y mae hefyd yn hwren.

13

Tueddu i gadarnhau'r ddelwedd hon o'r ferch a wnaeth y *fabliaux* erioed. Trachwant rhywiol gwragedd priod yw un o'r elfennau stoc sy'n ysgogi'r plot yn y cerddi storïol hyn, a'u cyfrwystra sy'n ei ddatrys. Mae 'Y Dyn dan y Gerwyn' yn enghraifft berffaith o'r ysbryd gwrthfenywaidd, gyda'r ddwy wraig yn defnyddio dirgelwch eu cyrff i dwyllo'r gŵr diniwed. Mae'n adroddiad cwbl amhersonol, ond gallwn deimlo fod y bardd yn ymhyfrydu wrth adrodd fod y wraig wedi colli'i 'llymaid'. Mwy personol o lawer yw cerdd Dafydd Llwyd Ysgolhaig am ei brofiad gyda'r forwyn nwydus. Adroddir yr hanes gydag afiaith, yn enwedig yn y defnydd o wahanol ymadroddion am gyfathrach rywiol, ond yn y bôn gwers sydd yma ynglŷn â pheryglon rhywioldeb merched. Unwaith bod ei natur rywiol wedi'i deffro nid oes modd diwallu'i chwant, ac yn y diwedd mae'r hudwr dihitio mewn cyflwr truenus iawn.

Mae corff merch yn bygwth mewn modd mwy uniongyrchol yn y ddau gywydd sy'n sôn am ddal clefyd gwenerol. Dim ond dyfais yw hynny gan Ddafydd Llwyd o Fathafarn i gryfhau'i ergyd yn erbyn bardd arall, ond yng ngherdd Ieuan Gethin gellir gweld ofn seicolegol dyfnach lle mae'n sôn am berygl 'ymddiried i gont.' Serch hynny, camgymeriad fyddai cynnig dehongliad rhy ddifrifol o'r cerddi hyn, gan mai eu hamcan pennaf oedd creu hwyl trwy ddangos rhyw droeon trwstan ar draul y bardd ei hun, un o hoff ddulliau'r beirdd Cymraeg o ddifyrru cynulleidfa. Dyna a wneir yn y cywydd sy'n dangos y ferch yn adweithio i drais y bardd trwy neidio i fyny o'r llawr ac ymosod arno yntau. A Thudur Penllyn yw'r un sy'n edrych fwyaf gwirion ar ddiwedd ei ymddiddan seithug â'r Saesnes.

Fe ymddengys mai'r un yw amcan yr ymddiddan, rhif 15, lle mae'r mab yn amlwg yn cael tipyn o sioc pan gytuna'r ferch i garu gydag ef, ac yntau'n gorfod cyfaddef nid yn unig ei anwybodaeth, ond hefyd ei anallu i gyflawni'r weithred. Ac eto mae'r gwawd yma'n gyfrwysach ac yn fwy pellgyrhaeddol. Mae'n amlwg fod y llawysgrifau'n anghywir wrth ei phriodoli i Ddafydd ap Gwilym, ond wrth ystyried pa fath o fardd oedd awdur y gerdd rhaid gofyn beth oedd ei diben. Cerdd ddramatig ydyw heb unrhyw fframwaith naratif i sefydlu safbwynt (yn wahanol i'r gerdd ddiweddarach 'Y Llances Lysti', a adroddir o safbwynt dyn, gan gadarnhau rhagdybiaethau gwrywaidd am ferched). Gellid yn hawdd ddychmygu dyn yn ei chanu er mwyn cael hwyl am ben dyn arall, ond ni ddylid diystyru'r posibilrwydd mai merch a'i canodd. Cerdd yw hon sydd nid yn unig yn dangos ymhoniad y mab yn

14

awgrymu cyfathrach ac yna'n methu â'i chyflawni, ond sydd hefyd yn dinoethi anghysondeb ei agwedd at y ferch wrth iddo ei galw'n 'wyllt ei thin' yn y diwedd, yr union nodwedd a ddisgwyliai ynddi ar ddechrau eu hymddiddan. Wrth i rywioldeb y ferch droi'n fygythiad try'r mab at gyhuddiad moesol i amddiffyn ei hunan-barch. Boed y bardd yn wryw neu'n fenyw, mae'r olwg dreiddgar ar ddynion a geir yn y gerdd hon yn ychwanegiad gwerthfawr at lenyddiaeth faswedd yr Oesoedd Canol.

Mae'n wir mai traddodiad gwrywaidd oedd y canu caeth bron yn gyfan gwbl, ond mae Gwerful Mechain yn eithriad pwysig iawn sy'n profi ei bod yn bosibl i ferch ganu cywydd ac englyn yn yr Oesoedd Canol, ac yn bosibl iddi ganu'n ddi-flewyn-ar-dafod am ryw. Mae rhywbeth herfeiddiol am holl fodolaeth cerddi Gwerful Mechain mewn maes mor wrywaidd, ac mae'r elfen o her yn arbennig o amlwg yn ei cherddi masweddus. Heriai'r rheini ragfarnau ei chymdeithas a ddaliai na ddylai merched sôn yn agored am ryw na chydnabod eu rhywioldeb. Herient feirdd o ddynion a gyflwynai ddarlun llednais o gorff y ferch, ac a welai ferched bob amser yn wrthrychau goddefol trachwant dynion. Fel yr ymddiddan a drafodir uchod, cynigia cerddi Gwerful ddelwedd o ferch ymosodol sy'n dra gwahanol i'r delfryd llonydd a geir yn y canu serch cwrtais.

Gallwn weld, felly, fod y canu maswedd i ryw raddau yn elfen newydd, estron yn y traddodiad barddol Cymraeg, ac yn her iddo. Ond ar y llaw arall, fe ddefnyddiodd y beirdd Cymraeg lawer o'u crefft frodorol gywrain i greu cerddi masweddus o fath arbennig. Y dechneg bwysicaf yn eu canu maswedd yw dyfalu, sef yr arfer o ddisgrifio rhyw wrthrych trwy gyfres o gymariaethau gyda chryn elfen o ddychymyg neu bos ynddynt. Mae dyfalu bob amser yn tueddu i beri i'r gwrthrych ymddangos yn rhyfeddol - naill ai'n dda neu'n ddrwg, ond yn sicr yn anarferol. Roedd yn arbennig o addas felly ar gyfer disgrifio aelodau rhywiol y corff, yr aelodau bondigrybwyll a guddid o'r golwg fel rheol.

Yr enghraifft fwyaf nodedig o ddyfalu yn y canu maswedd yw 'Cywydd y Gal' Dafydd ap Gwilym, darn sy'n gyfuniad o gerydd ac ymffrost, ac sy'n llwyddo i gyfleu holl gyfaredd y gal, gan beri iddi ymddangos fel creadur ar wahân gyda'i ewyllys ei hun. Canmol yw unig amcan Gwerful Mechain yn 'Cywydd y Cedor', ac felly mae'r dyfalu cryn dipyn yn symlach. Yng nghywyddau dychan Dafydd ab Edmwnd a Guto'r Glyn y gwelwn effaith ddifrïol dyfalu gliriaf. Cerddi gwrth-erotig ydynt mewn gwirionedd, yn pwysleisio'r afiach a'r annaturiol, a dim ond ar gyfrif dyfeisgarwch y beirdd yn ymdrin â phwnc anweddus yr haeddant eu lle yn y casgliad hwn. Gwelir pwyslais ar yr annaturiol eto yng nghywydd Llywelyn ap Gutun yn dyfalu cyfathrach rywiol. Sail y dyfalu yw ystum anarferol y ferch â'i choesau wedi'u codi dros ysgwyddau'r dyn, a cheir darlun gwrthun o'r pâr trwy gyfrwng cymariaethau anifeilaidd. Pos estynedig yw'r cywydd hwnnw mewn gwirionedd, a'r pwnc anweddus yn ychwanegu gwefr i'r dychymyg. Dyna yw'r englyn am y ceirw'n cydio hefyd, ond bod hwnnw'n llai anweddus nag y mae'n ymddangos ar yr olwg gyntaf, gan mai am anifeiliaid y sonnir ac nid am bobl. Rhyfeddod rhywiol arall sy'n fath o bos yw'r bachgen wedi'i wisgo fel merch a ddisgrifir yng nghywydd ffraeth Huw Arwystli.

Un o gonfensiynau arbennig y canu serch Cymraeg oedd yr arfer o anfon llatai, neu negesydd serch, at y gariadferch. Creadur gwyllt megis aderyn fyddai'r llatai gan amlaf, ond lluniodd rhyw fardd gwrthryfelgar (Dafydd ap Gwilym ei hun efallai) barodi masweddus ar y confensiwn trwy yrru ei gal a'i geilliau at ei gariad, gan fod pob llatai arall wedi methu. Roedd confensiwn y llatai'n agwedd ar serch cwrtais, gan ei fod yn cyfleu delwedd o'r ferch fel bod anghyraeddadwy na ellid ond ymbil â hi am drugaredd. Mae'r parodi'n chwalu'r ddelwedd honno trwy awgrymu y caiff y bardd fynd yn syth at y ferch ac y gwnaiff ei aelodau rhywiol y fath argraff arni fel na fedr mo'i wrthod bellach. Gellid hyd yn oed ddehongli'r gerdd fel trosiad estynedig am drais rhywiol, gan ddilyn y cywyddau cyngor. Ond efallai nad oes rhaid ei darllen yn naturiolaidd a chymryd fod gweddill corff y bardd yn rhwym o fynd gyda'r llatai, gan fod darluniau o aelodau rhywiol yn bod fel creaduriaid ar wahân yn ddigon cyffredin yng nghelfyddyd yr Oesoedd Canol (cymh. 'Cywydd y Gal'). Beth bynnag am hynny, mae'r rhagdybiaethau sylfaenol ynghylch gwendid rhywiol merched yn hollol eglur.

Gwendid y ferch yw'r sail i barodi arall ar un o gonfensiynau barddoniaeth Gymraeg, sef cywydd Syr Hywel o Fuallt yn gofyn clo cont. Am roddion bonheddig megis march, arfau, neu wisg y gofynnai'r beirdd fel arfer, ac roedd patrwm sefydlog i'r cywydd gofyn. Wrth ofyn am y fath rodd anweddus, a hynny gan of yn hytrach na chan uchelwr hael, mae'n amlwg mai parodïo'r traddodiad oedd amcan Syr Hywel, ond rhaid cofio hefyd fod y cywydd yn datgelu'i bryder ynglŷn â diweirdeb bregus ei feistres. Unwaith eto mae digrifwch a difrifoldeb yn gymysg yn y gerdd hon.

16

Diau fod rhagor o gerddi masweddus o'r Oesoedd Canol yn llechu yn y llawysgrifau o hyd, yn enwedig darnau dienw, ond credaf fod y casgliad hwn yn cynrychioli'r canu maswedd Cymraeg yn weddol dda o ran ei amrywiaeth. Mae yma hiwmor a thrais, ofn a her, trachwant a ffieidd-dra. Mae yma ddrama fywiog a delweddaeth drawiadol. Amrywia safonau'r grefft yn fawr, ond mae meistrolaeth y beirdd dros eu cyfrwng wedi sicrhau mynegiant bachog a chofiadwy i'r amrywiol deimladau a phrofiadau sydd yma. Mae'r cerddi hyn yn datgelu gwedd newydd ar farddoniaeth Gymraeg yr Oesoedd Canol, a phrin y gallwn eu darllen heb gael ein gorfodi i gymhwyso tipyn ar y ddelwedd gyffredin o feirdd mawl parchus ac aruchel y traddodiad barddol.

INTRODUCTION

The poems in this collection are erotic in the broadest sense of that term, in that they all deal explicitly with sex or the sexual organs. They are quite distinct from the vast corpus of 'respectable' Medieval Welsh love poetry, which consistently avoids any indecency. However, they are not necessarily erotic in the more specific sense of stimulating sexual excitement in their audience. We cannot be certain what sort of a response these poems would have provoked from a medieval audience, but it seems certain that some were in fact deliberately anti-erotic. The principal common factor seems to be the desire to shock by the deliberate flaunting of accepted conventions of decent restraint in treating sexual matters.

These poems all belong to the later Middle Ages in Wales, ranging in date from the fourteenth century to the early seventeenth (in literary terms the Middle Ages died a slow death in Wales), the only exception being no.16 which is included as a later thematic parallel to the preceding poem. Almost all are in the strict metres of the bardic tradition, containing the elaborate ornamentation of *cynghanedd* (a combination of alliteration and internal rhyme). The predominant metre is the *cywydd*, consisting of couplets of seven-syllable lines with end-rhymes alternately stressed and unstressed. This light and flexible metre was originally popularized by Dafydd ap Gwilym as a medium for love songs, and it was ideally suited for the lively drama and extended descriptions of erotic poetry. There are also several examples of the four-line *englyn* metre, which is most effective in expressing a witty point with epigrammatic brevity, as seen for instance in the *englyn* on the stags mating, no.24. One common stylistic feature which requires explanation is the *sangiad*, a short phrase breaking the main flow of the sentence in the manner of an interjection or aside. This may initially strike the reader as unnatural, but since these phrases are an integral part of the stylistic character of the poetry, I have generally retained their syntactical isolation in the translations.

The strict-metres were essentially the prerogative of professional bards who had undergone lengthy training, and made their living by performing mainly praise poetry in the houses of noble patrons. However, the intricacies of the poetic art were occasionally taught to amateur poets of the gentry class, such as Ieuan Gethin of Glamorgan and Dafydd Llwyd of Mathafarn in Montgomeryshire. There is a strikingly high proportion of such amateurs amongst the poets of this collection, perhaps reflecting the fact that they could compose indecent verse without fear of damaging their poetic status.

It is clear that erotic poetry was popular in the highest circles of Welsh literary life in the Middle Ages. But there are also signs of influence from lower down the social scale. Below the ranks of the trained bards there existed a class of common minstrels or jongleurs, performers of popular songs who were not generally creative artists in their own right. The Welsh bards were anxious to preserve their superiority over the minstrels by stressing their professional qualification, but in fact it would be wrong to imagine a hard and fast distinction between the two groups, since they came much closer together in the later Middle Ages, and the bards undoubtedly absorbed influences from the minstrels. Boasting of disreputable adventures was a common feature of European minstrel songs, and their spirit can be seen in Iocyn Ddu's scurrilous account of his journey to Chester, and in Dafydd ap Gwilym's clever boast of his sexual prowess under the guise of berating his unruly penis.

One specific way in which the minstrels are thought to have contributed to the Welsh poetic tradition is by acting as a channel for foreign literary influences into Wales. Two of the commonest erotic genres in medieval French poetry were the *pastourelle* and the *fabliau*, and good examples of both are to be found in Welsh. It may be significant that several of these are in fact of unknown authorship, being wrongly attributed to Dafydd ap Gwilym in the manuscripts (their inauthenticity can easily be proven on grounds of metre and style). Could it be that some of these, such as nos 9 and 19, are the work of Welsh minstrels?

Numerous French *pastourelles* have survived, and the basic situation is the same in every case. Whilst travelling in the countryside the poet meets a rustic girl whom he tries to seduce. She always resists, sometimes successfully, but generally she gives in to him eventually. In some the poet takes the girl by force, but despite her protests she is ultimately grateful to him. There is clearly a good deal of upper-class male fantasy in this literary convention. The dream of free love in the woods with a lusty wench would have been in complete contrast to the disciplined rituals of the courts. And that is how medieval men chose to imagine women. The general belief, sanctioned by the Church, was that women had a more lascivious nature than men, and that their sexual desires were insatiable. That belief formed the basis for the practice of rape both in literature and in real life. If the girl refused to yield, then only her deceitful nature could be stopping her from confessing her desire, and so it was acceptable to take her by force.

This attitude towards women can be seen most clearly in the two advice poems, nos 7 and 8, which correspond closely to advice given to the lovers in Jean de Meun's *Roman de la Rose*. The old woman recommends the use of force, on the basis of her own experience of 'how much a slender beauty needs a man.' The description of copulation (no.9) can be seen as a deliberate enactment of that advice. All attempts to woo the girl courteously had failed, but when the poet met her by chance in the woods he threw her to the ground and took her 'without consultation'. The girl's enthusiastic response of course proves that he did not really rape her, but only gave her what she wanted. This is in fact one of the most explicit erotic pieces in medieval literature, because it makes very little use of euphemism or metaphor. And it shows the girl acting just as the man would wish her to do. The element of fantasy is even clearer in the poem by Hywel Dafi, no. 10, where the poet sees a girl on her knees in a pleading posture and imagines making love to her in the freedom of the woods.

The forceful treatment of women was typical of a general reaction against the ideals of courtly love in the literature of later medieval Europe. Courtly love offered an exalted ideal of female perfection, and it was an honour for the noble lover to be the humble servant of his lady. Physical union was still the ultimate goal, but it was a bliss to be granted by the lady as a reward for humble service. The reaction was characterized by a cynical attitude towards women which emphasized the weaknesses of their nature as an excuse to treat them with contempt. Sexual intercourse was no longer an ultimate bliss, but a brief and easily obtained pleasure, as can be seen in the smug ending of poem no. 9. This cynicism is seen at its worst in the final lines of the old woman's advice, where it is suggested that the girl will ask for payment, although she swore that she was taken against her will. That is to say, not only is she lascivious and deceitful, but she is also a whore.

The *fabliaux* consistently upheld this view of female nature. The sexual lust of married women is one of the stock elements which activate the plot in these narrative poems, and it is their cunning which brings about the *dénouement*. A perfect example of the misogynist spirit is provided by 'The Man under the Tub', in which the two women make use of the mystery of their bodies to trick the innocent husband. The raging fire lit by the neighbour in the kiln can easily be taken as a symbol of the destructive nature of the female sexuality which occasioned it. Another illustration of the dangers of female nature is Dafydd the Scholar's wry account of his experience with a lascivious virgin. The story is recounted with considerable zest, particularly in the use of a variety of different expressions for sexual intercourse, but basically this is a dire warning. Once the girl's sexuality is awakened her appetite is insatiable, and by the end the carefree seducer is in a pitiful state.

The girl's body threatens in a more direct way in the two poems dealing with venereal disease. Dafydd Llwyd of Mathafarn uses it simply as a device to add zest to his jibe against another poet, but a deeper psychological fear can be discerned in Ieuan Gethin's poem where he talks of the danger of trusting in a vagina. It would be a mistake, however, to interpret these poems too seriously, since their main purpose was to amuse by relating misadventures at the poet's own expense. Such is the effect of the poem which shows the girl reacting to the poet's attempt at rape by leaping up to attack him. And Tudur Penllyn's fruitless encounter with the resolute Englishwoman leaves the poet himself looking extremely foolish.

The conversation in poem no. 15 appears to have a similar purpose. The boy clearly gets quite a shock when the girl agrees to make love with him, and he has to admit not only his ignorance, but also his fear of impotence. However, the mockery here is subtler and more far-reaching. The manuscripts' attribution of the poem to Dafydd ap Gwilym is clearly incorrect, but in considering what sort of poet might have been its author we must seek to ascertain its purpose. It is a dramatic poem without any narrative framework to establish a viewpoint (in contrast to the later poem on the same theme, 'The Lusty Lass', which is related from the

22

male viewpoint, confirming male assumptions about women). It is easy enough to imagine a male poet composing this poem in order to make fun of another man, but one should not discount the possibility that it is the work of a woman. This is a poem which not only shows the boy's pretension in proposing intercourse and then being unable to perform, but also exposes the inconsistency of his attitude towards the girl as he accuses her at the end of being 'wild-arsed', i.e. randy, the very quality which he had previously hoped to find in her. As the girl's sexuality becomes a threat the boy resorts to moral condemnation to preserve his self-respect. Whether the poet was male or female, the penetrating view of men which this poem provides is a valuable addition to the medieval erotic canon.

It is true that Welsh strict-metre poetry was an almost entirely male tradition, but Gwerful Mechain is a very important exception which proves that it was possible for a woman to compose in the strict metres, and to talk openly about sex. In a sense Gwerful's very existence as a poet was a challenge to the male-dominated bardic establishment, and the element of challenge is most prominent in her erotic poems. They challenged social prejudices which held that women should not openly admit to their sexuality. They challenged male poets who presented a respectable picture of the female body, and who saw women merely as objects of men's lust. Like the conversation discussed above, Gwerful's poems offer an image of an aggressive woman which is very different to the tranquil passivity of the courtly love ideal.

Erotic poetry can therefore be seen to be to some extent a foreign element which represented a challenge to the Welsh bardic tradition. But on the other hand, the Welsh poets used much of their elaborate native poetic craft to create some remarkable poems on erotic subjects. The most important technique at their disposal was the practice of *dyfalu*, which involved the description of an object by means of an extended series of imaginative comparisons, often with a pronounced riddling quality. The purpose of *dyfalu* may be positive or negative, but its effect is always to make the object in question seem unusual and strange. It was therefore particularly well-suited for the description of those unmentionable parts normally hidden from sight, the sexual organs.

The most outstanding example of *dyfalu* in an erotic context is Dafydd ap Gwilym's 'Cywydd y Gal', a combination of rebuke and boast which succeeds in conveying the fascination of the penis, making it seem like a separate creature with a will of its own. The sole purpose of Gwerful Mechain's poem to the female genitals is eulogy, and the *dyfalu* is therefore a good deal simpler. Its defamatory effect can be seen most clearly in the satirical poems exchanged by Dafydd ab Edmwnd and Guto'r Glyn, which are in fact anti-erotica, stressing deformation and disease. It is only by virtue of their inventive treatment of an indecent subject that they have been included in this collection. Stress on the unnatural is also a feature of Llywelyn ap Gutun's description of sexual intercourse. The basis of the *dyfalu* is the woman's unusual posture with her legs raised up over the man's shoulders, and the animal imagery presents a repugnant portrait of the pair. The poem is in fact an extended riddle, with the indecent subject adding an element of titillation to the invention. So also is the *englyn* about the stags mating, although that is actually less indecent than at first sight, since it is about animals and not people. Another riddling presentation of a sexual marvel is Huw Arwystli's wittily paradoxical poem on a boy dressed as a girl.

One of the most remarkable conventions of Welsh love poetry was the practice of sending a *llatai*, or love messenger, to the poet's beloved. The messenger was normally a wild creature such as a bird, but some rebellious spirit (perhaps Dafydd ap Gwilym himself) composed an erotic parody on the convention by dispatching his genitals to his beloved, since every other messenger had failed. The love messenger convention belonged to the realm of courtly love, since it presented an image of the girl as the distant object of the poet's imploring supplication. The parody shatters that image by suggesting that the poet can go straight to the girl, and that his sexual organs will have such an effect on her that she will no longer be able to refuse him. It could even be interpreted as an extended metaphor for rape, following the advice poems. But it is perhaps not necessary to adopt a naturalistic reading and assume that the rest of the poet's body must go with the messenger, since representations of genitals existing as separate creatures are common enough in medieval art (cf. 'Cywydd y Gal'). But be that as it may, the poem's basic assumption about the sexual frailty of women is quite clear.

Female frailty is the basis for another parody on one of the Welsh bardic conventions, 'Sir' Hywel's poem requesting a chastity belt. The request poem was a very common genre in medieval Wales, and always followed a set pattern. The poets normally requested gifts of an aristocratic nature, such as a horse, weapons, or clothing, which would reflect the status of the giver. It is clear that this poem was intended as a parody, since it asks for such an indecent gift, and is addressed not to a generous nobleman but to a blacksmith. But on the other hand it is also an eloquent expression of the poet's anxiety about the fragility of his mistress's purity. As so often in these poems, humour and serious concern can be seen to coexist here.

Both the complexity of individual poems and the variety of tone within the collection as a whole are typical of the rich sophistication of Welsh poetry in the later Middle Ages. The richness was partly a result of the keen interest taken by the Welsh gentry, both as patrons and as practitioners of poetry. It also derived from the ability of the Welsh poets to absorb foreign literary influences without weakening the vitality of their native inheritance. Their art was a highly traditional one, but that did not deter them from the inventive adaptation which produced the skilful and lively poems of this collection.

Y Cerddi

The Poems

1 Cywydd y Gal

Dafydd ap Gwilym

Dafydd ap Gwilym oedd meistr y canu serch yn yr Oesoedd Canol, ac roedd ei gywyddau ysgafn a masweddus yn eithriadol o boblogaidd. Mae rhywfaint o ansicrwydd ynglŷn â'i ddyddiadau o hyd, ond yn ôl pob tebyg perthyn y gerdd hon i'r cyfnod 1330-50. Hon felly yw'r gynharaf o'r cerddi anllad y gellir rhoi dyddiad arnynt. Mae cwyno wrth y gal afreolus yn ffordd gyfrwys o frolio campau rhywiol y bardd.

	Rho Duw gal, rhaid yw gwyliaw
	arnad â llygad a llaw
	am hyn o hawl, pawl pensyth,
4	yn amgenach bellach byth;
	rhwyd adain cont, rhaid ydiw
	rhag cwyn rhoi ffrwyn yn dy ffriw
	i'th atal fal na'th dditier
8	eilwaith, clyw anobaith clêr.
	Casaf rholbren wyd gennyf,
	corn cod, na chyfod na chwyf;
	calennig gwragedd-da Cred,
12	cylorffon ceuol arffed,
	ystum llindag, ceiliagwydd
	yn cysgu yn ei blu blwydd,
	paeledwlyb wddw paladflith,
16	pen darn imp, paid â'th chwimp chwith;
	pyles gam, pawl ysgymun,
	piler bôn dau hanner bun,
	pen morlysywen den doll,
20	pŵl argae fal pawl irgoll.
	Hwy wyd na morddwyd mawrddyn,
	hirnos herwa, gannos gŷn;
	taradr fal paladr y post,
24	benlledr a elwir bonllost.
	Trosol wyd a bair traserch,
	clohigin clawr moeldin merch.

1   The Penis

Dafydd ap Gwilym

The foremost love poet of medieval Wales, Dafydd ap Gwilym popularized the use of the cywydd metre for light and salacious verse. His dates are still a matter of some debate, but this poem probably belongs to the period 1330-50, and is the earliest dateable item in this collection. Although cast in the form of a complaint addressed to the unruly penis, it is in fact an elaborate means of boasting the poet's sexual prowess.

By God penis, you must be guarded
with eye and hand
because of this lawsuit, straight-headed pole,
more carefully for evermore;
net-quill of the cunt, because of
complaint a bridle must be put on your snout
to keep you in check so that you are not indicted
again, take heed you despair of minstrels.

I consider you the vilest of rolling-pins,
horn of the scrotum, do not rise up or wave about;
gift of the noble ladies of Christendom,
nut-pole of the lap's cavity,
snare shape, gander
sleeping in its yearling plumage,
neck with a wet head and milk-giving shaft,
tip of a growing shoot, stop your awkward jerking;
crooked blunt one, accursed pole,
the centre pillar of the two halves of a girl,
head of a stiff conger with a hole in it,
blunt barrier like a fresh hazel-pole.
You are longer than a big man's thigh,
a long night's roaming, chisel of a hundred nights;
auger like the shaft of the post,
leather-headed one who is called 'tail'.
You are a sceptre which causes lust,
the bolt of the lid of a girl's bare arse.

Chwibol yn dy siôl y sydd,
28   chwibanogl gnuchio beunydd.
Y mae llygad i'th iaden
a wŷl pob gwreignith yn wen;
pestel crwn, gwn ar gynnydd,
32   purdan ar gont fechan fydd;
tobren arffed merchedau,
tafod cloch yw'r tyfiad clau;
cibyn dwl, ceibiai dylwyth,
36   croen dagell, ffroen dwygaill ffrwyth.
Llodraid wyd o anlladrwydd,
lledr d'wddw, llun asgwrn gwddw gŵydd;
hwyl druth oll, hwl drythyllwg,
40   hoel drws a bair hawl a drwg.

Ystyr fod gwrit a thitmant,
ostwng dy ben, planbren plant.
Ys anodd dy gysoni,
44   ysgwd oer, dioer gwae di!
Aml yw cerydd i'th unben,
amlwg yw'r drwg drwy dy ben.

2   Englyn i'r Gal

Ceir copi o'r englyn hwn yn llawysgrif Peniarth 86, o ddiwedd yr 16fed ganrif, ond nid oes modd dweud pa faint yn gynharach na hynny y cyfansoddwyd ef. Sylwer fod delwedd y 'sioba' yn digwydd gan Ddafydd ab Edmwnd yn ei ddychan i Guto'r Glyn.

Cal chwydlyd hyfryd yw hon, - mwyn goflaid
    mewn gaflau morynion;
    sioba yn poeri sebon,
    rhowter hers, rhad Duw ar hon.

There is a pipe in your head,
a whistle for fucking every day.
There is an eye in your pate
which sees every woman as fair;
round pestle, expanding gun,
it is a searing fire to a small cunt;
roof-beam of girls' laps,
the swift growth is the clapper of a bell;
blunt pod, it dug a family,
snare of skin, nostril with a crop of two testicles.
You are a trouserful of wantonness,
your neck is leather, image of a goose's neckbone;
nature of complete falsity, pod of lewdness,
door-nail which causes a lawsuit and trouble.

Consider that there is a writ and an indictment,
lower your head, stick for planting children.
It is difficult to keep you under control,
cold thrust, woe to you indeed!
Often is your lord rebuked,
obvious is the rottenness through your head.

2 Englyn to the Penis

A copy of this englyn occurs in MS Peniarth 86, of the late 16th century, but it is not possible to say how much earlier than that it was composed. Note that the image of the holy-water sprinkler occurs in Dafydd ab Edmwnd's satire on Guto'r Glyn.

A puking merry prick is this, a nice burden
     in maidens' crotches;
  a holy-water sprinkler spitting soap,
  arse beater, God's grace on it.

3 Cywydd i Anfon y Gal a'r Ceilliau'n Llatai

Dafydd ap Gwilym (?)

Un copi'n unig o'r cywydd hwn sydd wedi goroesi, ac fe'i priodolir i Ddafydd ap Gwilym. O ran ei arddull a'i ddychymyg gallai fod yn waith dilys Dafydd. Ceir nifer o gywyddau gan Ddafydd yn gyrru llatai (negesydd serch) i annerch ei gariad, ac mae hwn yn rhywfath o barodi ar y confensiwn hwnnw.

        Difwyn fu rodfa Dafydd
        yn oes dyn yn nos a dydd.
        Da y gŵyr hi - mae deigr hawdd -
4   diddim y'm gwaradwyddawdd.
        Ni bu drai ar lateion
        rhyngom heb na som na sôn.
        Ni byddai awr, gludfawr glod,
8   heb anfon i hoyw bennod
        ai llanc ifanc yn ofeddw
        at lwys ei phlas, ai gwas gweddw.
        O gyrraf wraig ffaig ffugiol -
12   pa les? - mae'r neges yn ôl.
        Honno ry gilflew ei llewys
        a brwynen am ben ei bys.
        Gyrru i'r fun, gorau fynag,
16   fursen gornogwen - gyr nâg.
        O gyrraf was cras croywsaer
        ar neges at hoen tes taer,
        haws dengwaith i'm hustyngwas
20   ei chael, os myfi ei chas,
        nag ym fy hun, lun ledfyn,
        lle gwnaeth hwsmonaeth, os myn.
        Anhylwydd yw fy nheulu,
24   fy nhylwyth oferlwyth fu.
        Gwnaeth fy ffordd heb un ordderch
        llateion, surorion serch.
        Ebrwydd i'w chlust fu'r husting,
28   ofer fu'r nifer yn ing.

3 The Poet Sends his Genitals as a Love Messenger

Dafydd ap Gwilym (?)

The sole surviving copy of this poem attributes it to Dafydd ap Gwilym. Judging by its style and inventive imagination it could be his genuine work. Dafydd has a number of poems sending a love-messenger ('llatai') to greet his beloved, and this is a sort of parody on that convention.

Miserable was Dafydd's roaming
in a man's lifetime night and day.
Well does she know it - tears flow easily -
she scorned me like a good-for-nothing.
There was no end to the love messengers
between us without seduction or rumour.
No hour would pass, rich praise,
without sending to a lovely target
either a young lad rather drunk
to she of the fair dwelling, or an unmarried servant.
If I send a woman of deceitful appearance -
what's the use? - the message comes back.
She'll put the fluff of her sleeves
and a reed round the tip of her finger.
I send to the maid, best expression,
a white horned coquette - she sends a refusal.
If I send a rough plain carpenter's apprentice
on a message to the colour of radiant sunlight,
it's ten times easier for my whispering servant
to have her, as if I were her enemy,
than for me myself, form of a young goat,
where he laboured, if he wishes.
My family is clumsy,
my people were a useless tribe.
Messengers, love's bitter ones,
went my way without producing a single mistress.
Swift to her ear was the whispering,
this useless lot caused me nothing but anguish.

Minnau a brofa, wynna wen,
gyngor arall rhag angen.

Fy nwygaill, gwnewch fy neges
32 am fy nyn, yma fo nes.
Byddwch ddisgyfrith chwithau,
llateion moelgrynion mau.
Cerdda gal gron ddyfal ddu
36 â'm dwygaill yn ymdagu.
Rhydyn bin, rhed yn bennoeth
o flaen dau gabolfaen goeth
trwy dy gwcwll, trydwll tro,
40 syw faner, a saf yno.
Chwithau eich dwy, rwy reiol,
gwyliwch, anelwch yn ôl.
Mynnwch wledd i'ch arweddawdr,
44 meibion eillion llwydion llawdr.
Gwyllt bin ar fol dewingor,
gwst da, carn twca y tor,
distaw gal, dos di gulhoel
48 i mewn fel y clorbren moel.
Onid chwi a bâr gariad
y rhom ein deuwedd yn rhad,
na dyn ystrywus na da
52 na chedor, oni thelora.
Dygwch ei chorff mewn gorffwyll
eich tair o'ch ystryw a'ch twyll.
Ceisiwn, rhodiwn yn rhydaer,
56 somi, mi a chwi, eich chwaer.

I will try, whitest beauty,
another plan in my need.

My two balls, go on my errand
concerning my girl, may she be nearer here.
Be you fierce,
my bald round love messengers.
Go, round black diligent prick
throttled by my two balls.
Rigid pin, run bare-headed
before two fine pumice-stones
through your hood, piercing deed,
splendid banner, and stand up there.
You two, regal leader,
watch out, bend backwards.
Demand a feast for your bearer,
pale bondmen of the trousers.
Wild pin on the belly of a wizard-dwarf,
good labour, belly's tuck-knife handle,
quiet prick, go you narrow nail
in like the bald nut-stick.
Unless you bring about love
freely between us two,
neither a crafty man nor wealth
nor genitals will - unless they warble.
Bring her body into a frenzy
the three of you by your cunning and trickery.
We'll try, we'll roam most insistently,
to seduce, you and I, your sweetheart.

4 I Wragedd Eiddigeddus

Gwerful Mechain

Roedd Gwerful Mechain o Bowys yn ei blodau tua 1480, a hi yw'r unig fardd benywaidd o Gymru'r Oesoedd Canol y mae corff sylweddol o farddoniaeth ganddi wedi goroesi. Mae testunau ei gwaith yn amrywiol iawn, a dim ond cyfran fechan ohono yw'r cerddi masweddus. Fe ymddengys fod y cywydd hwn yn adwaith benywaidd i'r cerddi niferus gan ddynion sy'n lladd ar y Gŵr Eiddig am ei hunanoldeb yn gwarchod ei wraig ifanc. Fel y dengys y llinellau olaf, mae'n ddatganiad cyfrwys ond croyw o rywioldeb merched.

Bath ryw fodd, beth rhyfedda',
i ddyn, ni ennill fawr dda,
rhyfedda' dim, rhyw fodd dig,
4   annawn wŷd yn enwedig,
bod gwragedd, rhyw agwedd rhus,
rhwydd wg, yn rhy eiddigus?
Pa ryw natur, lafur lun,
8   pur addysg, a'i pair uddun?
Meddai i mi Wenllian -
bu anllad gynt benllwyd gân -
nid cariad, anllad curiaw,
12   yr awr a dry ar aur draw;
cariad gwragedd bonheddig
ar galiau da - argoel dig.

Pe'm credid, edlid adlais -
16   pob serchog caliog a'm cais -
ni rydd un wraig rinweddawl,
fursen, ei phiden a'i phawl,
o dilid gont ar dalwrn,
20   nid âi un fodfedd o'i dwrn,
nac yn rhad, nis caniadai,
nac yn serth, er gwerth a gâi;
yn ordain anniweirdeb
24   ni wnâi ymwared â neb.
Tost yw na bydd, celfydd cain,
rhyw g'wilydd ar y rhiain

4 To Jealous Wives

Gwerful Mechain

Gwerful Mechain of Powys was active about 1480, and she is the only female poet of medieval Wales by whom a substantial corpus of poetry has survived. Her subject matter is varied and the erotic poems are only a small proportion of her work. This poem seems to be a female reaction to the numerous poems by men attacking the Jealous Husband for selfishly guarding his young wife. As the last lines show, it is a subtle but clear proclamation of female sexuality.

What sort of manner is it for a person,
it does no good whatsoever,
most strange, grievous kind of manner,
particularly calamitous vice,
that wives, hindering kind of attitude,
swift frown, are excessively jealous?
What nature, troublesome image,
pure instruction, causes them to be so?
Gwenllian said to me -
the hoary old song was wanton in days gone by -
that it is not love, wanton languishing,
which turns towards gold yonder;
the love of noble wives
is for good cocks - bitter omen.

Believe me, angry cry -
every big-cocked lover is after me -
no virtuous wife will give,
the silly girl, her prick and her pole,
if it follows a cunt in field,
it wouldn't go one inch from her fist,
not freely, she would not allow it,
nor basely, not for any price;
she would not make a deal with anyone
condoning adultery.
It is grievous, fine craft,
that the girl is not ashamed

bod yn fwy y biden fawr
28   no'i dynion, yn oed unawr,
ac wyth o'i thylwyth, a'i thad,
a'i thrysor hardd a'i thrwsiad,
a'i mam, nid wyf yn amau,
32   a'i brodyr, glod eglur glau,
a'i chefndyr, ffyrf frodyr ffydd,
a'i cheraint a'i chwiorydd.
Byd caled yw bod celyn
36   yn llwyr yn dwyn synnwyr dyn.

Peth anniddan fydd anair,
pwnc o genfigen a'i pair.
Y mae i'm gwlad ryw adwyth
40   ac eiddigedd, lawnedd lwyth,
ymhob marchnad, trefniad drwg,
tros ei chal, trais a chilwg.
Er rhoi o wartheg y rhên,
44   drichwech, a'r aradr ychen,
a rhoi, er maint fai y rhaid,
rhull ddyfyn, yr holl ddefaid,
gwell fydd gan riain feinir,
48   meddai rai, roi'r tai a'r tir,
a chynt ddull, rhoi ei chont dda,
ochelyd, no rhoi'i chala;
rhoi'i phadell o'i chell a'i chost
52   a'i thrybedd na'i noeth rybost;
gwaisg ei ffull, rhoi gwisg ei phen
a'i bydoedd na rhoi'r biden.

Ni chenais fy nychanon,
56   gwir Dduw, hynt ddim o'r gerdd hon,
i neb, o ffurfeidd-deb y ffydd,
a fyn gal fwy no'i gilydd.

that the big prick means more to her
than her people, any day,
and eight of her family, and her father,
and her fair treasure and her adornment,
and her mother, I doubt not,
and her brothers, loud clear praise,
and her cousins, firm brothers in the faith,
and her relatives and her sisters.
It's a bad state of affairs that a cock
completely deprives a woman of her senses.

Calumny is an unpleasant thing,
envy is the matter which causes it.
In my land there is some blight
and jealousy, abundant burden,
in every market, bad arrangement,
about her cock, violence and ill-will.
Despite giving eighteen
of the lord's cows, and the plough oxen,
and giving, however much the need,
rash summons, all the sheep,
a shapely girl prefers,
some say, to give the buildings and the land,
and would sooner give her good cunt,
beware, than give her cock;
sooner give her pan from her kitchen and her provision
and her trivet than her fine bare post;
sudden is her haste, sooner give her headdress
and all her possessions than give the prick.

I did not sing my satire,
God's truth, in any part of this poem,
to anyone, of the comeliness of the faith,
who wants a bigger than average cock.

5 Cywydd y Cedor

Gwerful Mechain

Mae hwn hefyd yn adwaith i gerddi gan ddynion, y tro hwn y disgrifiadau manwl o bryd a gwedd merched sy'n anwybyddu rhan bwysicaf eu cyrff. Ar un wedd mae hwn yn gymar naturiol i 'Gywydd y Gal', ond yn wahanol i gywydd Dafydd ap Gwilym nid oes elfen o froliant personol ynddo.

Pob rhyw brydydd, dydd dioed,
mul frwysg, wladaidd rwysg erioed,
noethi moliant, nis gwrantwyf,
4   anfeidrol reiol yr wyf,
am gerdd merched y gwledydd
a wnaethant heb ffyniant ffydd
yn anghwbl iawn, ddawn ddiwad,
8   ar hyd y dydd, rho Duw Dad:
moli gwallt, cwnsallt ceinserch,
a phob cyfryw sy fyw o ferch,
ac obry moli heb wg
12   yr aeliau uwchlaw'r olwg;
moli hefyd, hyfryd dwf,
foelder dwyfron feddaldwf,
a breichiau gwen, len loywlun,
16   dylai barch, a dwylaw bun.
Yno o'i brif ddewiniaeth
cyn y nos canu a wnaeth,
Duw er ei radd a'i addef,
20   diffrwyth wawd o'i dafawd ef:
gadu'r canol heb foliant
a'r plas lle'r enillir plant,
a'r cedor clyd, rhagor claer,
24   tynerdew, cylch twn eurdaer,
lle carwn i, cywrain iach,
y cedor dan y cadach.

5   The Female Genitals

Gwerful Mechain

This too is a reaction to poems by men, in this case the detailed descriptions of girls' physical appearance which ignore the most important part of their bodies. In a sense it is a natural partner to 'Cywydd y Gal', but it differs from Dafydd ap Gwilym's poem in that it contains no element of personal boasting.

Every foolish drunken poet,
boorish vanity without ceasing,
(never may I warrant it,
I of great noble stock,)
has always declaimed fruitless praise
in song of the girls of the lands
all day long, certain gift,
most incompletely, by God the Father:
praising the hair, gown of fine love,
and every such living girl,
and lower down praising merrily
the brows above the eyes;
praising also, lovely shape,
the smoothness of the soft breasts,
and the beauty's arms, bright drape,
she deserved honour, and the girl's hands.
Then with his finest wizardry
before night he did sing,
he pays homage to God's greatness,
fruitless eulogy with his tongue:
leaving the middle without praise
and the place where children are conceived,
and the warm quim, clear excellence,
tender and fat, bright fervent broken circle,
where I loved, in perfect health,
the quim below the smock.

Corff wyd diball ei allu,
28   cwrt difreg o'r bloneg blu.
Llyma 'ynghred, teg y cedawr,
cylch gweflau ymylau mawr,
pant yw hwy na llwy na llaw,
32   clawdd i ddal cal ddwy ddwylaw;
cont yno wrth din finffloch,
dabl y gerdd â'i dwbl o goch.
Ac nid arbed, freisged frig,
36   y gloywsaint, gwŷr eglwysig
mewn cyfle iawn, ddawn ddifreg,
myn Beuno, ei deimlo'n deg.
Am hyn o chwaen, gaen gerydd,
40   y prydyddion sythion sydd,
gadewch heb ffael er cael ced
gerddau cedor i gerdded.
Sawden awdl, sidan ydiw,
44   sêm fach, len ar gont wen wiw,
lleiniau mewn man ymannerch,
y llwyn sur, llawn yw o serch,
fforest falch iawn, ddawn ddifreg,
48   ffris ffraill, ffwrwr dwygaill deg,
breisglwyn merch, drud annerch dro,
berth addwyn, Duw'n borth iddo.

You are a body of boundless strength,
a faultless court of fat's plumage.
I declare, the quim is fair,
circle of broad-edged lips,
it is a valley longer than a spoon or a hand,
a ditch to hold a penis two hands long;
cunt there by the swelling arse,
song's table with its double in red.
And the bright saints, men of the church,
when they get the chance, perfect gift,
don't fail, highest blessing,
by Beuno, to give it a good feel.
For this reason, thorough rebuke,
all you proud poets,
let songs to the quim circulate
without fail to gain reward.
Sultan of an ode, it is silk,
little seam, curtain on a fine bright cunt,
flaps in a place of greeting,
the sour grove, it is full of love,
very proud forest, faultless gift,
tender frieze, fur of a fine pair of testicles,
a girl's thick grove, circle of precious greeting,
lovely bush, God save it.

6 Ymddiddan Rhwng Dau Fardd

Dafydd Llwyd o Fathafarn a Gwerful Mechain

Fel Gwerful Mechain, mae Dafydd Llwyd yn adnabyddus fel awdur cerddi masweddus (gw. rhif 21 isod). Fe fu ymryson cellweirus rhwng Gwerful, Dafydd, a Llywelyn ap Gutun (awdur rhif 25 isod), ac mae'n gwbl bosibl mai gwaith y ddau fardd yw'r gyfres hon. Ond dylid cadw mewn cof y posibilrwydd mai Dafydd Llwyd ei hun a gyfansoddodd y cyfan fel ymffrost ac er mwyn gwneud hwyl am ben Gwerful. A barnu wrth ddyddiadau ei gerddi eraill, ac wrth yr hyn a wyddys am ddyddiadau Gwerful, mae'n debyg fod Dafydd yn hen ŵr pan ganwyd yr englynion hyn.

Dywed ym, meinir, meinion - yw d'aeliau,
    mae d'olwg yn dirion;
    oes un llestr gan estron,
4   a gwain hir y gannai hon?

Braisg yw dy gastr, bras gadarn - tyfiad
    fal tafod cloch Badarn;
    brisne cont, bras yn y carn,
8   . brasach yw na membr isarn.

Hwde bydew blew, hyd baud blin, - Ddafydd,
    i ddofi dy bidin;
    hwde gadair i'th eirin,
12   hwde, o doi hyd y din.

Haf atad, gariad geirwir, - y macwy,
    dirmycer ni welir.
    Dof yn d'ôl oni'm delir,
16   y gwas dewr hael â'r gastr hir.

Gorau, naw gorau, nag arian - gwynion
    gynio bun ireiddlan;
    gorau'n fyw gyrru'n fuan
20   a'r taro, cyn twitsio'r tân.

6 A Conversation Between Two Poets

Dafydd Llwyd of Mathafarn and Gwerful Mechain

Like Gwerful Mechain, Dafydd Llwyd is known as an author of bawdy poems (see no. 21 below). A humorous exchange of poems did take place between Gwerful, Dafydd, and Llywelyn ap Gutun (author of no. 25 below), and it is quite possible that this sequence is the work of the two poets. However, the possibility should be borne in mind that Dafydd Llwyd composed the whole sequence as a boast and as a way of mocking Gwerful. Judging by the dates of his other works, and by what is known of Gwerful's dates, it is likely that Dafydd was an old man when this poem was composed.

> Tell me, lovely girl, slender are your brows,
>   your look is tender;
> does a stranger have any dish,
> and a long sheath which would contain this?
>
> Sturdy is your cock, stout strong growth
>   like the clapper of Padarn's bell;
> cunt's threatener, stout at its hilt,
> it's stouter than a pole-axe's shaft.
>
> Here's a hairy pit, until you get tired, Dafydd,
>   to tame your prick;
> here's a seat for your balls,
> here you are, if you come as far as the arse.
>
> Have at you, sincere love, youth,
>   what's not seen is to be despised.
> I'll follow you if I'm not held,
> brave noble lad with the long cock.
>
> Best, nine times better than silver money,
>   is chiselling a fair lusty maid;
> the best thing in life is thrusting fast
> and the striking, before firing off the cannon.

7 Cyngor Hen Wraig

Priodolir y cywydd hwn i Ddafydd ap Gwilym ym mhob un o'r copïau llawysgrif niferus, ond dengys yr arddull yn glir nad gwaith dilys y bardd mohono. I'r 15fed ganrif y perthyn, yn ôl pob tebyg. Ni wyddys pwy oedd y Gweirful ferch Iorwerth ap Madog a gyferchir, ond awgryma'r enw llawn ei bod yn berson go iawn. Fodd bynnag, defnyddir llais yr hen wraig fel dyfais i roi awdurdod i'r cyngor sinigaidd ynghylch merched.

      'Gweirful ferch Iorwerth gerth gain,
      ŵyr Fadog, rywiog riain,
      tad gwynfardd, tydi gwenferch
4   y sydd feddyges y serch.
      Moes dy gyngor am forwyn
      i mi, fy ngwrach fantach fwyn.'

      'Oni feiddi di, fawddyn,
8   â hi ymddiddan dy hun,
      cais diwyd latai dwyawl,
      hynny a'th dynn o hyn o hawl;
      a hefyd, cyn byd a barn,
12   dofa riain 'n y dafarn.
      Gwna hafal y gwnâi Ofydd,
      ei dwyn i dewlwyn y dydd.
      Os cei mewn cyflwr is coed
16   er wylo na wna'r eiloed.
      Beth bynnag, ferch anerchglaer,
      a dd'weto hi bydd di daer.
      Mi a adwaen, chwaen chwerwnaint,
20   o'm llaw fy hun 'n lle fy haint,
      mwynder rhiain o'r maendwr,
      maint angen meinwen am ŵr.
      Câr y fwynferch yn serchawg;
24   os ceri'n hir nis cei 'rhawg.
      Gwell hwrdd glin ac elinedd,
      ym Mair, na hir brynu medd.
      Chwarae â hi, y chwerw hydd,
28   a throi'r fun a'i thor i fynydd;

7 An Old Woman's Advice

This poem is attributed to Dafydd ap Gwilym in all of the many manuscript copies, but its style clearly shows that it is not his work. It was probably composed in the 15th century. Gweirful daughter of Iorwerth ap Madog cannot be identified, but the full name does suggest that she was a real person. In any case, the voice of the old woman is used as a device to give authority to the cynical advice about women.

'True fine Gweirful daughter of Iorwerth,
granddaughter of Madog, noble lady,
father of a privileged bard, lovely girl,
you are the doctor of love.
Give me your advice about a maiden,
my gentle toothless old crone.'

'If you dare not, knave,
converse with her yourself,
seek a diligent pious love messenger,
that will get you out of this trouble;
and also, before the judgement day,
tame the maiden in the tavern.
Do as Ovid used to do,
take her to a thick grove by day.
If you succeed in getting her under the trees
although she weeps don't delay until another day.
Whatever she says, gently-spoken girl,
be insistent.
I know, attack of bitter streams,
by my own experience of pangs,
pleasure of a maid from the stone tower,
how much a slender beauty needs a man.
Woo the gentle girl lovingly;
if you woo long you won't win her in the end.
Better the thrust of knee and elbows,
by Mary, than long buying of mead.
Play with her, rough hart,
and turn the girl belly uppermost;

yn agwrdd dechrau nigiaw,
a gwna ffrost a'th lost i'th law;
na fydd ffrom, n'ad dy siomi,
32   cyd dan gêl dy afel di.
Er ei halaeth a'i hwylaw
a'i llid a'i bygwth o'i llaw,
pan glywo'r ferch anerchglaer
36   dyrru'r llost a dorrai'r llawr,
llaesu gafael a'i gofeg,
lleddfu ac ymdaeru'n deg,
a chymryd, da fyd a fu,
40   loyw Eigr, arni lewygu,
a rhoi can cred diledryth
o'i bodd ni wnâi gymod byth.
Cyn y nos, lliw can neu ôd,
44   cymwys i wen roi cymod.
Nid anudon a noda
i'r ddyn ymholyd ar dda.'

start to shake mightily,
and boast with your tail in your hand;
don't sulk or be denied,
get to grips with her furtively.
Despite her grief and tears
and her anger and threats with her hand,
when the gently-spoken girl feels
the tail's earth-shattering thrust
she'll relax her grip and her will,
she'll calm down and cry out with pleasure,
and pretend, it was a good state,
bright Eigr, that she has fainted,
and swear a hundred sincere oaths
that she never agreed willingly.
Before night, colour of white flour or snow,
it's fitting for the girl to come to an agreement.
It's no perjury for the girl
to enquire about payment.'

8   Cyngor i Gyfaill

Ding Moel

Diau mai llysenw yw Ding Moel. Mae'n bosibl fod 'Ding' yn fenthyciad o'r Saesneg 'thing', a ddefnyddid mewn ystyr rywiol. Hon yw'r unig gerdd a briodolir i'r bardd, a hynny mewn un llawysgrif yn unig, Peniarth 57 (diwedd y 15fed ganrif). Mae'r rhan fwyaf o linell 27 yn annarllenadwy yn y llawysgrif. Perthyn y cywydd hwn yn agos i'r un blaenorol, o ran ysbryd y cyngor ac o ran cyfatebiaethau geiriol, yn enwedig y cwpled olaf diarhebol ei naws (cymh. rhif 7, ll. 25-26).

'Cynwrig, hud merch anerchgael,
fab Ednyfed hoywged hael,
caru'dd wyd, coeth annwyd cain,
4   anwylferch o ddyn aelfain,
a'i gorllwyn dan frig eurlliw
a phrydu gwawd i'w phryd gwiw.
Pwy yw'r ferch piau aur fawl
8   a geri yn rhagorawl,
ac o ba fen y henyw,
a phwy ei chyfenw? - hoff yw.'

'Lle nid cam i fardd dramwy,
12   llun a'm pair, llyna em pwy,
gwawn oroen, gwen a eurwyd,
gwiwne lluwch, Gwenonwy Llwyd.'

'Och Gynwrig, caredig gerdd,
16   medr iawngof mydr awengerdd,
na châr ferch yn rhy serchawg,
os ceri'n hir nis cei 'rhawg,
mwy nog y cefais fy mun,
20   mynnawdd fy lladd â'm anun.
Diffrwythaf sas yw traserch,
gwell medru olmarchu merch.
Os cei o gyflwr is coed
24   er wylo na wna'r eiloed.

8 Advice to a Friend

Ding Moel

Ding Moel is surely a nickname. 'Ding' could be a borrowing from English 'thing', which was used in a sexual sense. 'Moel' means 'bald, bare'. This is the only poem attributed to him, and that in only one manuscript, Peniarth 57 (late 15th c.). Most of line 27 is illegible in the manuscript. This poem is closely related to the preceding one, both in the spirit of the advice given and in specific verbal correspondences, particularly the proverbial-sounding final couplet (cf. no.7, lines 25-26).

'Cynwrig, allurer of a girl greeted by many,
son of Ednyfed the giver of fine gifts,
you are wooing, refined gracious nature,
a lovely slender-browed girl,
and you wait for her under bright branches
and fashion praise of her fair face.
Who is the girl of splendid fame
whom you love exceedingly,
and where does she come from,
and what is her cognomen? - she is renowned.'

'A good place for a poet to frequent,
her figure makes me do it, this is who the jewel is,
gossamer hue, a gilded beauty,
fair colour of driven snow, Gwenonwy Llwyd.'

'Oh Cynwrig, beloved song,
learned skill in the metre of poetry,
don't woo the girl too lovingly,
if you woo long you won't win her in the end,
anymore than I won my girl,
she would kill me with sleeplessness.
Infatuation is a most fruitless business,
it's better to be able to mount a girl.
If you get an opportunity in the woods
although she weeps don't delay until another day.

Gŵyl dy gofl, gŵyl dy gyflwr,
bydd ar y neillglin, bydd ŵr.
....................ioes
28   na fydd unbennaidd o foes.
Borëwr llyn, bwrw i'r llawr
i danad ennyd unawr.
Trais i'th lid, trwsia i'th law
32   ei dillad rhag dy dwyllaw.
Bythawr er Duw mawr a'i maeth
ei hwylaw yn ehelaeth?
Nid gwiw i ti, nawd gwyw teg,
36   gredu i'w gweniaith groywdeg
na'i llygaid na'i gwallawgair
na'i llwyr gred na'i llaw ar grair.
Ef a'm somed am gredu
40   llaw f'aur, a ffalstaf llw fu.
O diainc merch hoywserch hael
yn unmodd Eigr yn Ninmael
o'i gwir daeredd, gwawr dwyre,
44   Gwenonwy Llwyd, gwan yw'n lle.
Gwell hwrdd glin ac elinedd,
ym Mair, no hir brynu medd.

Gentle your embrace, watch for your chance,
go down on one knee, be a man.
....
don't act in a domineering manner.
Early morning drinker, throw her to the ground
beneath you all of a sudden.
Violence in your anger, shift her clothes
with your hand so they don't hinder you.
What, for the sake of great God who nurtures her,
does her extravagant weeping matter to you?
There's no need for you, fair old nature,
to believe her sweet deceitful talk
nor her eyes nor her falsehood
nor her sworn oath nor her hand on relic.
I was deceived by believing
my darling's hand, and it was the falsest of oaths.
If the seductive noble girl escapes
in the same way as Eigr in Dinmael
by her true persistance, colour of dawn,
Gwenonwy Llwyd, we have no hope.
Better the thrust of knee and elbows,
by Mary, than long buying of mead.'

9 Cywydd y Cydio

*Mae hwn yn gywydd arall a gambriodolir i Ddafydd ap Gwilym yn y llaw-
ysgrifau, fel y dengys ffurfiau llafar fel 'ceres'. Bron nad yw'n darllen fel
gweithrediad o'r cyngor a roddir yn y ddau gywydd blaenorol, yn dangos fod
merched yn ymateb yn ffafriol i'r defnydd o drais. Er mwyn gwerthfawrogi'r
ddelwedd yn y llinell olaf ond un mae rhaid gwybod fod llysywen wedi'i dal ar
lein bysgota yn arfer tynnu'r lein i gyd i lawr i'w chorff.*

Ceres fileines luniedd
landeg wych, ail Indeg wedd.
Rhodiais er pan welais wen
4   o'i phlegid nos a phlygen,
a lliw dydd cilfechydd coed,
a chan wen ni chawn unoed.
Cyfarfod â hi'n rhodiaw
8   a wneuthum dan y drum draw,
a myned, mi a'm enaid ŵyl,
ddwylaw mwnwgl â'm annwyl,
a rhoi efengyl i hon
12   a'm deufraich am ei dwyfron;
cael ymdrech hyd bryd echwydd
benben â gwen dan y gwŷdd,
a gwthio 'mun gyweithas
16   i lawr dan y fedwen las,
a'i gyrru ar y gorwaered,
fy lloer, a'i deulin ar lled,
a gosod tâl 'ngwialen
20   heb gyngor wrth gedor gwen,
a gyrru fy nigrifwch
on'd aeth ei blaen i eitha'i blwch,
ac ysgwyd fy mharwyden,
24   och o'r gwaith, ar uchaf gwen,
a chydnewidiaw llawer,
a gwylio rhag syrthio'r sêr.
'Roedd dichell dan y gelli
28   gan honno i 'mwthio â mi;

9 Sexual Intercourse

This is another poem mistakenly attributed to Dafydd ap Gwilym in the manuscripts, as several colloquial forms show. It reads almost like an enactment of the advice given in the two previous poems, showing that girls respond favourably to the use of force. In order to appreciate the image in the penultimate line one should know that an eel when caught on a fishing line will draw the whole line down into its body.

I wooed a shapely peasant girl,
fine and lovely, like a second Indeg.
Since I first saw the beauty I roamed
for her sake night and dawn
and by day in wooded nooks,
and she never once agreed to meet me.
I happened to meet her
walking below the ridge yonder,
and we embraced one another,
me and my bashful darling,
and I gave her a kiss
with my arms about her breasts.
Until noon I grappled at close quarters
with the beauty under the trees,
and pushed my friendly girl
down under the green birch
and shoved her onto her back,
my moon, with her legs apart,
and put the end of my rod
without consultation against her crotch,
and drove my pleasure
until its tip reached the end of her box,
and shook my side,
what a job, on top of her,
and we rolled over a lot,
watching out lest the stars should fall.
That girl was skilled
at thrusting with me under the trees;

hi a roddai, dewr oeddym,
ddyrnod am bob dyrnod ym,
ac yn ôl fy mabolaeth
32   ynddi hi ddefni a ddaeth.
Atal anadl a neitio
a wnâi hi a cholli'i cho',
a lleddfu llygaid duon
36   ar hynt fel pe marw hon.
Ac eto tuag ati
neitio'r oedd fy natur i,
a'n dau natur, myn Dwynwen,
40   aeth i gyd i eitha' gwen.
Llyna finnau'n llawenach
o gael y ddyn feinael fach;
cnith llysywen ar enwair,
44   cont unwaith, canwaith y cair.

she gave me, we were brave,
a blow for every blow,
and after my masculinity
drops came in her.
She caught her breath
and bucked and swooned
and rolled her black eyes
as if she were dead.
And once again towards her
my desire was leaping,
and our two desires, by Dwynwen,
went together right into her.
I felt much better for having
the little slender-browed girl;
the bite of an eel on a fishing-rod,
have a cunt once, have it a hundred times.

10 Ffantasi

Hywel Dafi

Bardd o Went oedd Hywel Dafi, neu Hywel ap Dafydd ab Ieuan, ac roedd yn ei flodau yn y cyfnod 1450-80. Achlysur y ffantasi yw'r cipolwg a gaiff y bardd ar ferch yn adrodd salmau gerbron delw o'r Forwyn Fair. Try ei ddychymyg at gonfensiwn llenyddol y deildy yn y goedwig lle caiff ryddid i'w charu, a daw'r elfen erotig yn y darlun cableddus o'r bardd yn addoli i Fair rhwng coesau'r ferch.

Bwriais drem a beris drwg,
fy ngelyn yw fy ngolwg,
dros ben allwy', fwyfwy fawl,
4   ddoe ar fun ddiwair fanawl
lle'r oedd mewn lliw o ruddaur
a'i llafar oll mewn llyfr aur,
adrodd gair bron Mair o'i min
8   salmau ar dalau'i deulin.

Gwisgo wna hon Gasgwin hed,
gwisg eurliw ac ysgarled;
templys aur, to wimpl y sydd
12   ar iad bun euraid beunydd;
glain o wiail, glân wead,
gwallt cywarch aur, gwellt ceirch iad;
ysgîn bron diysgawn bris,
16   ysgubau, godrau Gwdris.
Dala hon fal deuliw haul
dwy ael euron, dâl araul.
Dan ei ffriw duon a phrudd
20   ydiw aeron ei deurudd.
Y wên y sydd megis ôd,
a'r mwnwgl liw eiry manod,
a'r ddwyfraich, fwyn ddiofryd,
24   addfain gorff addfwyn i gyd.

10 Fantasy

Hywel Dafi

Hywel Dafi of Gwent was active in the period 1450-80. The occasion of this fantasy was the glimpse which the poet had of a girl reciting psalms before an image of the Virgin Mary. His imagination turns to the literary convention of the house of leaves where he will be free to make love to her. The erotic element is contained in the blasphemous image of the poet worshipping Mary between the girl's legs.

I took a look which caused evil,
my eyesight is my enemy,
through a keyhole, growing praise,
yesterday at a pure exquisite girl
where she was clad in red gold,
with all her speech in a golden book,
reciting psalms from her mouth
on her knees before Mary.

She wears a Gascon hat,
a dress of gold and scarlet colour;
gold temples, there's a wimple
on the gilded girl's pate every day;
an amulet of twigs, fair weaving,
hair like golden hemp, oat-straw of the pate;
breast's mantle of weighty worth,
sheaves, Goodrich fringes.
She bears like the very colour of the sun
laburnum brows, radiant forehead.
Below her brow dark and sombre
are the berries of her cheeks.
The smile is like snow,
and the neck the colour of fine driven snow,
and the arms, gentle renunciation,
shapely body fair all over.

Gwnaf iddi hi dŷ gwiail
gwedy'i doi i gyd â dail.
Golau drwyddo y gwelaf
28   gwaith terydr haul, belydr haf.
Rhwng dwy lenlliain feinon
och fis haf na chefais hon,
a'i bwrw rhwng dau bared
32   i'r llawr a'i dwyfraich ar lled;
offrwm, liw blodau effros,
ar dalau y gliniau'n glos,
a hon o'i bodd yn goddef,
36   a rhoddi naid rhyddi a nef;
disgyn rhwng ei dwy esgair,
addoli fyth i'r ddelw Fair.
Gwnawn iddi, gwyn iawn oeddym,
40   lewygu dau lygad ym
i edrych pwy fai hwyaf,
ai mi ai hi fis Mai haf,
ar fatras o ddail glas glyn
44   â rhidens o fedw a rhedyn,
ac i'n cylch, egin a'n câr,
neuadd fedw, noddfa adar.
Clywir yno clêr anant,
48   cydlais pêr mewn coedlys pant,
trydar adar a siarad,
clariwns dail clêr ein ystad.
Clywir ar ben derwen deg
52   cathl digrif cathle' digreg.
A minnau, dioer, er mwyn dyn,
â dolef uchel delyn,
canu wnawn rhwng nawn a nos
56   gan cywydd gan gainc eos.
Awn yno'n union waneg,
awn ein dau, Wenonwy deg;
awn yr haf, ddyn aur ei hed,
60   od awn, fun, oed ynn fyned.

I'll make her a house of branches
roofed all over with leaves.
Brightly through it I'll see
the play of sunbeams, summer shafts.
Between two fine bed-curtains
if only I could have her in a summer month,
and throw her between two walls
to the ground with her arms outstretched;
I'd offer, colour of euphrasy flowers,
on my knees up close,
and she'd let me willingly,
and I'd leap between her and heaven;
coming down between her legs
I'd worship forever Mary's image.
I'd make her, we'd be most blessed,
look at me through narrowed eyes
to see who was tallest,
me or her in the summer month of May,
on a mattress of green leaves of the dale
with curtains of birch and fern,
and around us, loving shoots,
a hall of birch, bird sanctuary.
Musical minstrels will be heard there,
sweet harmony in a vale's tree court,
the chirping and chattering of birds,
the leaf clarions of the minstrels of our estate.
On top of a fair oak will be heard
the lovely song of a faultless voice.
And I, by heaven, for the girl's sake,
with the loud sound of the harp,
I'd sing between noon and night
a hundred cywyddau to the nightingale's tune.
Let's go there straightaway,
let's go together, fair Gwenonwy;
let's go in summer, girl with the golden hat,
if we're going, girl, it's time for us to go.

11 Rhwystredigaeth

Hywel Dafi

Efallai fod y gerdd hon yn disgrifio'r arfer o garu ar y gwely, lle byddai cariadon yn gorwedd gyda'r nos yn sgwrsio.

Bûm annwyl lle bûm unnos,
brad a wnaeth byrred y nos.
Och Fair weled echedydd
4   na'r wawr ddoe na'r awyr ddydd.
Y dydd ys bioedd deuddyn,
ein daly wnaeth rhwng dwylaw 'nyn.
Ni wyddiwn fawr ar glawr gwlad
8   ddau yn gorwedd un gariad.
Ni chawn hon yn achwyn hy
er ynn gael i'r un gwely.
An-aml byddwn yn ymladd,
12   a'r un llef a bair ein lladd.
Ni chêl deurudd gystudd gŵr,
es dyddiau bûm gystuddiwr.
Y mae'n boen i'm hwyneb i
16   am ei hwyneb ym mhoeni.
Gwenwyn gan ddyn mwyn ym oedd,
trwy gael oed triagl ydoedd.
Da y gwyddiad, gariad gŵr,
20   ddwylaw hirwen ddal herwr.
Bwriem yn ddolau byrion
bedair braich am bedair bron.
E' fu hoff gennyf fy hynt,
24   am y gwddwg y'm gweddynt.
Am 'y nghefn i'm anghofi,
rhwymad iwrch, y'm rhwymwyd i.
A fu angau fai ingach
28   i'm dwyn o fyd â'm dyn fach?
Mwyn am bob parabl yw 'myd,
ac anfwyn am y gwynfyd.
Santes yw y fynwes fau,
32   a'r gelynion yw'r gliniau.

11 Frustration

Hywel Dafi

*This poem perhaps describes the practice of bundling, or courting on the bed,
where the courting couple would lie talking at night.*

I was beloved where I was one night,
the brevity of the night was a betrayal.
Oh Mary, I was sorry to see a skylark
and dawn yesterday and the light of day.
The day which belonged to two,
it caught us between my love's hands.
I don't know of any other couple in all the land
laying together so lovingly.
I didn't have her complaining stridently
although we got into the same bed.
Rarely do we fight,
and one cry will cause our deaths.
The cheeks do not hide a man's trouble,
for days I have been a troubled man.
It is grief in my face
grieving for her face.
It was poison for me from a gentle girl,
by securing a meeting it was medicine.
The slender maid's hands, love of a man,
knew well how to hold an outlaw.
We threw in short loops
four arms around four breasts.
My state pleased me greatly,
around my neck they yoked me.
Around my back to drive me out of my mind,
binding of a roebuck, so was I bound.
Was there ever a more agonising death
to take me from the world with my little darling?
My sweetheart is gentle in all conversation,
and ungentle as regards the bliss.
My breast is a saint,
and the enemies are the knees.

Ar fy nhwng yr wyf yn hŷn
na'r blaidd es lawer blwyddyn.
Gwylio'r nos dan giliau'r naint
36   heb awr hun a bair henaint.
Nid annhebyg, cyfyg can,
dull Hywel i dylluan:
gwyliaw o'r nos i gilydd,
40   gochel fal y dêl y dydd;
mul ymodech mal meudwy
a gwylio mud heb gael mwy.
Gorwedd yn unwedd yn noeth
44   yn un boen a wnawn beunoeth
heb feddyliaid, f'enaid fain,
bechod mwy na'r rhai bychain.
Dala'r wyf â deuliw'r ôd
48   gyfeillach fal gefyllod:
caru cytgam a thramwy,
ni charwn fy chwaer yn fwy;
caru annerch serch a sôn,
52   cariad plant ieuanc gwirion.
Mawr yw cariad gwylliad gwan,
mwy yw pechod mab bychan.

On my oath I am older
than the wolf by many a year.
Lying awake at night by the banks of the streams
without an hour's sleep brings on old age.
Hywel's manner, brilliant praise,
is not dissimilar to that of the owl:
staying awake from night to night,
hiding as the day comes;
silent skulking like a hermit
and dumb watching without getting anything more.
We lay naked side by side
suffering the same pain nightly
without intending, my slender darling,
sin anymore than little children.
I am having with she the colour of snow
a relationship like twins:
loving to walk and roam together,
I wouldn't love my sister any more;
loving amorous greeting and chat,
the love of innocent young children.
Great is the weak brigand's love,
greater is the sin of a little boy.

12 **Yr Oed**

Priodolir y cywydd hwn i Ddafydd ap Gwilym yn y llawysgrifau, efallai oherwydd yr enw Dafydd yn y llinell gyntaf. Mae'n anodd barnu ar sail arddull gan mai sgwrs rhwng mab a merch yw'r cywydd ar ei hyd. Ceisia'r ferch gadw'r mab draw drwy drefnu oed ymhen tridiau, ond dengys ei phrotestiadau beth sy'n mynd ymlaen wrth iddo yntau gymryd arno ddangos iddi beth a wnaent mewn oed yn y goedwig.

Y Mab
'Dafydd y sydd yn d'ofyn,
degle ferch, dy gael a fynn.'

Y Ferch
*'Minnau yt yma'n ateb,
meinwen wyf, ni mynna'i neb.'*

'Muda unwaith i'm adail
meinir i dy mwyn o'r dail.'

8
*'Gwell nog yn adail gwilliad
gennyf yn nhŷ gwyn fy nhad.'*

'Dyred i dŷ o irwydd,
dyro dail am dorri dydd.'

12
*'Erfyn o dof i'r fan dau
yt yr ydwy' oed tridiau.'*

'O rhof, nad elwyf i'r rhiw,
un oed dydd onid heddiw.
Nid unoed a wna dynion,

16
naw neu ddeg, yno ni ddôn'.
Madws peidio am oedi
mewn oed fyth o mynnid fi.'

20
*'Amod fy ngolwg ymaith
ar ôl o dof i'r ail daith.'*

'Dywaid ferch na adawid fod,
dir yw ym dorri amod.'

24
*'Dy arfer ydiw erfyn,
Deifr hael, nad ofer hyn,
ond eirchiad wyf yn erchi,
arch fân, na orddercha fi.'*

12 The Love -Tryst

This poem is attributed to Dafydd ap Gwilym in the manuscripts, perhaps because of the name Dafydd in the first line. It is difficult to judge on the basis of style because the whole poem is a conversation between a boy and a girl. The girl tries to fend off the boy's advances by arranging a meeting in three days time, but her protestations show what is going on as he pretends to show her what they would do in the woods.

Boy
    'Dafydd is asking for you,
    come girl, he wants to have you.'

Girl
    'Here am I answering you,
    I'm a slim beauty , I don't want anyone.'

    'Come once to my dwelling
    sweetheart to a lovely house of leaves.'

    'I'd rather be in my father's white house
    than in a vagabond's dwelling.'

    'Come to a house of green trees,
    put leaves for day's breaking.'

    'If I come to your place
    I beg you for a tryst in three days time.'

    'May I never go to the slope [= have sex?]
    if I make any tryst except today.
    Girls don't make just one tryst,
    nine or ten, and they don't turn up.
    It's time to give up making trysts
    if you ever want me in a tryst.'

    'I contract to forfeit my sight
    if I fail to turn up the second time.'

    'Say girl that you will not let it be,
    I must break the contract.'

    'It is your custom to beg,
    noble Deifr, that this be not in vain,
    but I am a petitioner praying,
    a small request, do not make love to me.'

'Y fun gain fwyn awn i gyd.'

28 *'F'annwyl nis caf o ennyd.'*

'Yr ydwyd yn y rhedyn.'

'Y mae'n hwyr i minnau hyn.'

'Awn i lwyn ynial unawr.'

32 *'Oerfel yt, na fwrw fi i lawr.'*

'Pam yr ymgain main ei modd?'

'Pam gennyd, pwy ymgeiniodd?'

'Gwae fi wraig, wyf ŵr agos.'

36 *'Gwae finnau ŵr rhag ofn nos.*
Och fab, paham na chaf oed?'

'Och finnau na chaf unoed,
och wraig, a thithau'n iach rydd.'

40 *'Och ŵr, rhag ofn a cherydd.'*

'Down i gyd - pand iawn y gwaith? -
down na ddown, dan wŷdd unwaith:
gorwedd i'r llawr gwyrdd ar lled,
44 gwilia oes neb i'n gweled;
gwely oed sydd geladwy,
gwae fy mam, a gaf i mwy?'

'Hyd lawr na ddyro dy lin
48 *yn aelawd rhwng fy neulin.*
Â'm crys heddiw y'm croesais,
am hyn na chyfod fy mhais.
Y troed a symudwyd traw,
52 *yr hosan, nad fy nhreisiaw!'*

'Yn nes mi a ddof fy nyn.'

'Yn araf anniweiryn!'

'Dy gael mewn oed a goelym.'

56 *'Dy nawdd rhag ennill dyn ym.*
Cael dyn, pa fodd y cêl dau?'

'Cêl fun, tra celwyf innau.'

'Fine gentle girl lets get together.'

'My dear I haven't time for it.'

'You are among the ferns.'

'This is late for me.'

'Lets go for one hour to a secluded grove.'

'Damn you, don't throw me down.'

'Why does the shapely one curse?'

'What do you mean, who cursed?'

'Woe is me woman, I'm an intimate man.'

'Woe is me man for fear of night.
Oh lad, why can't I make a tryst?'

'If only I could have just one tryst,
oh woman, and you good and free.'

'Oh man, for fear of punishment.'

'Lets come together - isn't it good work? -
we'll pretend, under the trees just once:
stretch out flat on the green ground,
make sure no one can see us;
a tryst bed is concealed,
oh my mother, can I have more?'

'Along the ground don't put your knee
lasciviously between my knees.
I crossed myself with my smock today,
so don't lift up my dress.
The foot has been moved over,
the stocking, let me not be raped!'

'I will come nearer my girl.'

'Slowly you lecher!'

'We were pretending that I was having you in a tryst.'

'Be careful that you don't get me with child.
How can two hide having a child?'

'Hide it girl, as long as I hide it.'

13 Y Ferch yn Ymladd yn ôl

Mae hon yn un arall o'r cerddi annilys a gambriodolir i Ddafydd ap Gwilym. Mae'n debyg i ambell un o'r pastourelles Ffrangeg Canol lle mae'r ferch yn ymateb i drais y bardd yn effeithiol iawn drwy ymosod arno yntau.

Lluniais oed yn y goedallt
â gwen fanwyaidd ei gwallt
o dra arial fy nghalon
4   doe yno fry dan y fron.
Doeth yn wir i gywiroed
o ras i gynnal yr oed.
Sefyll yno, tro trylwyn,
8   yn hir gyda'r feinir fwyn
a'm dwylaw yn cyweiriaw corff,
mwyngofl oedd, am ei meingorff.
Pregethai'r fun, dremyn dro,
12   lawer, nid er ei liwio.
Addo pob da ar a feddwn
iddi rhag oedi, od gwn.
Pe doedwn fy llw didwyll
16   ni choeliai nad elai'n dwyll.
Ymafael ar ael yr allt
â meinir gŵyr ei manwallt,
a bwrw i'r llawr, gwawr ei gwedd,
20   geirwych ddyn yn ei gorwedd.

'Pa beth o'th hudolieth di,
fallwaith, yr wyt ti felly?'

'Ceisio bod er fy nhlodi,
24   drwy gennad Duw, gennyd ti.'

Rhoes ei chred, ail Luned liw,
enaid hoywddyn, nad heddiw.
Ymguro, ymdaro dig,
28   yno - gwae brydydd unig -
cripio fy nhrwyn o'r fwynferch
a'm hwyneb, gresyndeb serch.

13 The Girl Fights Back

This is another of the Dafydd ap Gwilym apocrypha. It is similar to some of the Medieval French pastourelles in which the girl responds very effectively to the poet's use of force by counter-attacking.

I made a tryst in the woods
with a fine-haired beauty
out of the great passion of my heart
yesterday up there below the hilltop.
She came indeed at the appointed time
by grace to keep the tryst.
I stood there, on tenterhooks,
for a long while with the gentle beauty,
my hands fiddling with the clothes
on her slender body, she was a tender armful.
The girl preached a good deal
in a confused fashion, not to complain about it.
I promised her all the wealth I possessed
to avoid delay, yes indeed.
If I swore a sincere oath
she wouldn't believe that I wouldn't break it.
On the hillside I seized hold
of the waxen-haired beauty,
and threw the girl of fine repute,
like gossamer her face, flat on her back on the ground.

'What do you think you're doing,
you wicked seducer?'

'I'm trying despite my poverty,
God willing, to make love to you.'

She swore, hue like a second Luned,
playboy's darling, not today.
We struggled and exchanged blows angrily,
then - poor old lonely poet -
the gentle girl scratched my nose
and my face, love's misery.

71

Cyfrwys oedd, curo fy siad,
32   darn gywir, â'i dwrn yn gaead.
        Tynnu fy ngwallt fel alltud
        a wnaeth bun, saith waeth o sud.
        Minnau o nwyf, myn y ne',
36   seithwaith a'i cripiais hithe.

        'Llyma 'nghred, galed gyflwr,
        ffriw deg, o phriodi ŵr,
        i'r gŵr mynegaf ar gân
40   fal ydd oedd yr ymddiddan.
        Lluniaidd ydwyd 'r hyd llwyni,
        er chwarae na faddau fi.'

She was cunning, she bashed me on the head,
it's quite true, with her closed fist.
The girl did pull my hair
like a foreigner, seven times worse.
In my anger, by heaven,
I scratched her seven times.

'I swear, hard state,
pretty face, if you marry a husband,
that I will relate to him in song
how our conversation went.
You are shapely among the trees,
despite our play don't forsake me.'

14 Ymddiddan Rhwng Cymro a Saesnes

Tudur Penllyn

Roedd Tudur Penllyn o Gaer-gai ym mhlwyf Llanuwchllyn yn ei flodau tua chanol y bymthegfed ganrif. Yn y sgwrs ddwyieithog hon nid yw'r naill yn deall y llall, ond mae amcanion y Cymro'n ddigon amlwg oddi wrth ei weithredoedd, ac mae'r Saesnes yn ei wrthsefyll yr un mor benderfynol â'r ferch yn y gerdd flaenorol. Er nad yw hi'n deall Cymraeg, mae'n cynganeddu'n llithrig iawn.

'Dydd daed, Saesnes gyffes, gain,
yr wyf i'th garu, riain.'

4   'What saist, mon?' ebe honno,
For truthe, harde Welsman I tro.'

'Dyro wenferch loywserch lân,
amau gas, imi gusan.'

8   'Kyste dyfyl, what kansto doe,
sir, let alone with sorowe.'

'Gad i'r llaw dan godi'r llen
dy glywed, ddyn deg lawen.'

12   'I am not Wels, thow Welsmon,
for byde the, lete me alone.'

'Na fydd chwimwth i'm gwthiaw,
cai arian llydan o'm llaw.'

16   'I holde thi mad byrladi,
forth, I wyl do non for thi.'

'Pes meddwn, mi a roddwn rod,
myn dyn, er myned ynod.'

20   'Tis harm to be thy parmwr,
howld hain, I shalbe kalde hwr.'

14 A Conversation Between a Welshman and an Englishwoman

Tudur Penllyn

Tudur Penllyn of Caer-gai in the parish of Llanuwchllyn was active in the mid-fifteenth century. In this bilingual conversation neither one understands the other, but the Welshman's intentions are obvious enough from his actions, and the Englishwoman resists as resolutely as the girl in the previous poem. Although she understands no Welsh, she speaks in fluent cynghanedd.

'Good day to you, fine handy Englishwoman,
I really fancy you, girl.'

*'What do you say, man?' she said,
'for truth, you're a Welshman I think."*

'Sweet bright amorous girl,
give me a kiss to cast out hatred,'

*'Kiss the devil, what are you doing,
sir, stop your mischief.'*

'Let my hand lift up your skirt
and feel you, fair merry girl.'

*'I don't speak Welsh, you Welshman,
stop it, leave me alone.'*

'Don't be so swift to push me away,
you'll get plenty of money from my hand,'

*'I reckon you're mad, by our lady,
go away, I'll do nothing for you.'*

'If I had it, I'd give a groat,
forsooth, to get into you.'

*'It's bad to be your paramour,
stop you rogue, I'll be called a whore.'*

'Gad ym Saesnes gyffes, gu,
fondew fun, fynd i fyny.'

'Owt, owt! bisherewe thy twtile,
sir, how, ware my sore hile.'

24

'Na fydd ddig, Seisnig Saesnes,
yn wâr gad ddyfod yn nes.'

'By the rode I'll make the blodei,
anon I wyle plucke oute thyn ei.'

28

'Gad ym fyned i'th gedor,
hyd y groes onid oes dôr?'

'Thowe shalt not pas, be Saynt Asaf,
for thy lyf I have a knyfe knave.'

32

'Io ddyn, ai caniadu'dd wyd
I Dudur ai nad ydwyd?'

'Dear handy Englishwoman, let me,
fat-rumped maid, go up.'

*'Out, Out! beshrew your shouting,
sir, ho, beware my sore heel.'*

'Don't be angry, English Englishwoman,
be gentle and let me come closer.'

*'By the rood I'll make you bloody,
I'll soon pluck out your eye,'*

'Let me get to your quim,
is there no opening to the cross?

*'You shall not pass, by Saint Asaph,
for your life I have a knife, knave.'*

'Oh girl, are you letting
Tudur do it or are you not?'

15 Ymddiddan Rhwng Mab a Merch

*Dengys arddull lac y cywydd hwn fod y llawysgrifau'n anghywir yn ei briodoli
i Ddafydd ap Gwilym. Dylid ystyried y posibilrwydd mai merch oedd ei awdur
(gw. Rhagymadrodd). Bachgen ifanc dibrofiad sydd yma, ac mae'r ansoddeiriau
'cynnil' (celfydd) a 'serchglod' yn awgrymu ei fod wedi mynd at 'wraig llwyn a
pherth', a defnyddio ymadrodd Cyfraith Hywel. Ni cheir enghraifft arall o'r gair
allweddol 'syfal', ond mae ei ystyr gyffredinol yn weddol amlwg.*

'Y gynilferch ganolfain
o reiol fodd â'r ael fain,
gofyn cennad celadwy
4   i'th garu er Iesu'r wy'.
A gaf finne, gu f'annerch,
gennad i fod gennyd ferch?'

'Pa les yt fab golas fu
8   *ei gael oni bai'i gelu?'*

'Myn fy nghred, ferch gain serchglod,
y celwn byth er cael bod.
Ni wn i ba fodd y gwnaf,
12   ba sud, ba wedd y byddaf.'

*'Cyfod fy mhais, gais heb gêl,
megis oddi tan 'mogel,
a dod dy lin rhwng 'ngliniau -
16   o deui â'r un dyro'r ddau.'*

'Beth oni chair, hoywgrair hyll,
fy nghal syfal i'w sefyll?'

'I ble'r aeth, mabolaeth byd,
20   *y geiriau oedd gynnau gennyd?*
Hwy aethon' fal haul, traul tremynt,
neu eisin gwag gyda'r gwynt.
I ddiawl dy wragedd heddyw,
24   *na'th ordderch na'th ferch i'th fyw,*

15 A Conversation Between A Boy and a Girl

The loose style of this poem shows that the manuscript attribution to Dafydd ap Gwilym is incorrect. The possibility that it is the work of a woman deserves consideration (see Introduction). The male protagonist is a young and inexperienced boy, and his descriptions of the girl suggest that he regards her as sexually experienced and available. The key word 'syfal' (= feeble?) is not otherwise attested, but its general meaning is obvious enough.

'Dexterous girl with slender waist,
grand of manner with fine eyebrows,
I request your leave in secret
for Jesus's sake to make love to you.
May I, pleasant is my greeting,
have leave to lie with you girl?'

*'What good would it be to you, pale lad,
to have it unless it were kept secret?'*

'By my faith, fine girl famed as a lover,
I would keep it secret for ever to get to do it.
I don't know what to do,
or how to go about it.'

*'Lift my dress, seek openly,
as if from under my navel,
and put your knee between my knees -
if you bring one put them both.'*

'What if, ugly sprightly treasure,
my feeble [?] cock won't stand up?'

*'What happened, great masculinity,
to the words you spoke just now?
Like the sun they faded away,
or empty husks with the wind.
Devil take your women today,
or your mistress or any girl in your life,*

na'th ffordd rhwng fy nau forddwyd,
na'th gymwynas, oerwas wyd.
Dos felly, cais gyfeillach,
28   i wely chwain â'r gal fain fach.'

'Dos dithe'r ferch ddiserchryw,
wyllt ei thin, â melltith Dduw.'

16   Y Llances Lysti

Cerdd rydd a gopïwyd gan Richard Morris yn 1711 yw hon, gyda'r pennawd: 'Dyriau ar y mesur elwir Bloda yr Gogledd'. Mae ar yr un thema â'r gerdd flaenorol, ond ceir ynddi fframwaith naratif yn llais y bachgen, a llawer mwy o bwyslais ar drachwant rhywiol y ferch. Mae aredig y tir yn ddelwedd erotig draddodiadol a ddatblygir yn gelfydd yma. Sylwer yn arbennig ar y gair mwys 'chwant' yn ll. 37.

A m'fi yn rhodio'r coed eleni,
mi gyfarfum â llances lysti.
Honno'n gwit a ofynne i minne,
4   'Beth, heb gasedd, yw eich negese?
Dan iraidd gange
A ddoi di'n ystig ata' i eiste?'

Minna atebais wen lliw'r bloda,
8   'Nid wy' ond rhesymol am resyma.
Mewn lle dirgel gwylder anhy
sy yn orchfygol i'm gorchfygu,
ac erbyn hynny
12   nid wy' ond oferedd i'ch difyrru.'

'Gwrando ar gwynfan llances landeg
sydd â'i thir yn colli ei adeg,

or your way between my two thighs,
or your favour, you're a cold lad.
So take your thin little cock
and seek companionship in a bed of fleas.'

'And God's curse on you girl,
you ill-tempered wild-arsed bitch.'

16   The Lusty Lass

*This free-metre poem was copied by Richard Morris in 1711, with the heading 'A
song to the tune known as The Flowers of the North'. Although on the same
theme as the previous poem, it differs from it in having a narrative framework in
the voice of the boy, and in stressing the girl's sexual lust. The traditional erotic
image of ploughing the land is skilfully exploited here.*

As I was walking in the woods this year
I met a lusty lass.
She did ask me straightaway,
*'Tell me kindly, what is your errand?
Under green branches
will you come to sit close by me?'*

I answered the beauty of flowers' hue,
'I'm pretty poor at conversation.
In a secluded place bashful modesty
quite overwhelms me,
and with that
I'm of no use to amuse you.'

*'Listen to the complaint of a lovely lass
whose land is missing its season,*

16 *a minna sydd yn ofni glybwr,*
ac yn sicir yn ddiswcwr.
Mae'n ddrwg 'y nghyflwr
o eisie cael at hwn lafurwr.'

Minna atebais fy mun gryno,
20 'Nid wy' chwaith arfer â llafurio.
Gwnïo 'ngŵydd ni fedra' i o'r gore,
fy mun beredd, hwyr na bore,
na hwylio ei hwylie
24 i hollti'r ddwygwys fel y dyle.'

'Od oes ond hynny yn dy drwblio
nid rhaid iti fyth mo'r rhusio.
Os yw dy swch mewn chwant i'r cwysa,
28 *byth nid yngan dan y cynga,*
mae ffordd o'r gora,
galw di, mi ddaliaf inna.'

'Mae fy swch, os coeliwch gwengu,
32 yn un glwydan eto heb g'ledu,
a minna sydd yn llanc diweddar
ei awch dirio at eich daear,
i ymgemio'n gymar,
36 rhag i chwi hogan chware'n hagar.'

'Ffarwel bellach, yr wy' yn pallu,
gwae fi erioed fy ngeni a'm magu.
Un o'r meibion ni wna ymwared
40 *rhwng 'y nglinie er eu glaned.*
Yn siŵr fo'm ganed
ar annedwydd flinedd flaened.'

and I am afraid of wetness,
and indeed I'm without succour.
I'm in a bad state
in need of a ploughman for this land.'

I answered my fine maid,
'I'm not used to ploughing either.
I can't weave my plough in and out very well,
my sweet maid, by night or morning,
nor guide its thrusts
to part the two sods as it should.'

'If that's all that's troubling you
there's no need at all for you to hesitate.
If your ploughshare is inclined to the furrow,
it'll make no sound under the burdock,
there's a perfectly good way,
you call [the oxen], and I'll hold [the plough].'

'My ploughshare, if you'll believe me sweetheart,
is a mere flake which hasn't yet hardened,
and I'm a backward lad
in desire to thrust towards your earth,
to sport with you as a mate,
for fear that you play dirty, lass.'

'Farewell then, I give up,
woe is me that I was ever born and raised.
None of the boys will help me out
between my knees despite their beauty.
There's no doubt that I was born
under an unlucky grievous star.'

17 Y Gwielyn

Ceir yr englyn hwn yn llaw Thomas Evans, Hendreforfudd, yn llawysgrif Llyfrgell Genedlaethol Cymru 1553 (dechrau'r 17eg ganrif) ynghyd â'r nodyn canlynol:

'Un aeth i'r llwyn at un oedd yn gwiala, a phan welodd hi fo heb wneuthur dim iddi hi, hi a ddug y gwielyn oddi arno ef.'

Er mwyn gwerthfawrogi'r symbolaeth nid oes ond rhaid cofio fod 'gwialen' yn derm cyffredin am y gala.

> Hi âi'n fwyn i'r llwyn fel y llinin - tyniad
>   at anwr go libin;
>   am nad âi fo i doncio'r din
>   gwilog a ddug y gwielin.

17 **The Rod**

This englyn occurs in the hand of Thomas Evans, Hendreforfudd, in National Library of Wales MS 1553 (early 17th century) with the following note:

'One went to the woods to one who was gathering rods, and when she saw that he wouldn't do anything to her, she took the rod from him.'

In order to appreciate the symbolism it need only be borne in mind that 'gwialen' (rod) was a common term for the penis.

> She went amorously to the woods like the draw-string
>   to a pretty feeble wretch;
>   because he wouldn't bonk her bum
>   the wanton mare took the rod.

18 **Ymffrost Clerwr**

Iocyn Ddu

Sgrifennwyd copi o'r awdl hon yn Llyfr Coch Hergest tua diwedd y 14eg ganrif, ac yn ôl pob tebyg nid yw'r gerdd llawer yn hŷn na'r llawysgrif. Ni wyddys dim am Iocyn Ddu ab Ithel Grach, ond mae naws ei gerdd a llacrwydd y cynganeddu yn awgrymu nad oedd yn perthyn i'r dosbarth aruchaf o feirdd, er gwaetha'i ddirmyg at y 'glêr a ddigerais'. Mae'r cyfeiriad at Gwrlais yn ll. 37 yn un ffraeth, gan mai ef oedd gŵr Eigr, mam Arthur gan Uthr Pendragon.

Rhodiwr fydd clerwr, clau ei adlais,
rhaid imi honni, hyn a gefais:
rhyw oedd ym ymbil am bais - fotymawg
4   fforchawg ddiflewawg, ddwy aflawais.

Rhai a ordderchai a ordderchais,
rhag cael arnaf lwyg y tinhwygais;
rhwygan fal gwylan y gwelais - Farred,
8   rhag oedd ei hardded mi a'i hyrddais.

Yn y Marchwiail ydd adeiliais,
ac yn y gwreiddiau y gwreiceais,
ac yn y Mugarch y nugiais - dani,
12   ac yn y Fferi offerennais.

Dros fynydd nodawl mi a neidiais,
hyd yng Nghaerffawydd ...
Ac yn nhŷ'r lliwydd y llewais - fy mwyd,
16   ac yn Nyffryn Clwyd y cludeiriais.

Goruwch Clawdd Offa da y digonais,
goris Aberryw dryw a drewais,
dyrnawd graen â maen, y mae'n glais - a chlwyf,
20   ni wn nas lladdwyf neu a'i lleddais.

Mawr neud wyf gerddawr, dioer a gerddais,
mau fynegi i chwi chwedl o'r Cemais;
myfyr yw gennyf, ciniewais - yng Nghaer,
24   fi a mab y maer, fyrdaer fwrdais.

18 A Minstrel's Boast

Iocyn Ddu

A copy of this awdl is preserved in the late 14th-century Red Book of Hergest, and it is probably not much older than the manuscript. Nothing is known about Iocyn Ddu ab Ithel Grach, but the tone of his poem and the metrical laxity suggest that he did not belong to the highest rank of poets, despite his contempt for the common minstrels. The reference to Gorlois in l. 37 is witty, since he was the husband of Igraine, mother of Arthur by Uthr Pendragon.

A minstrel is ever a wanderer, loud his song,
I must claim, this is what I got:
it was right for me to beg for a buttoned coat,
forked and hairless, parted at the crotch.

I fornicated with those who would fornicate,
lest I should suffer pangs I buggered;
Radiant as a seagull Marred seemed to me,
so fair was she that I rammed her.

In Marchwiail I did weave,
and in the roots I had a woman,
and in Mugarch I did shake underneath her,
and in the Ferry I celebrated mass.

I jumped over a prominent mountain,
as far as Caerffawydd...
and in the dyer's house I gobbled down my food,
and in the Vale of Clwyd I did pile up.

Above Offa's Dike well did I labour,
below Aberryw I struck a wren,
a grim blow with a stone, it's a bruise and a wound,
I'm not sure whether I might kill it or that I have killed it.

A great musician am I, God knows what I journied,
it's for me to relate to you news from Cemais;
I remember it well, I dined at Chester,
me and the mayor's son, stocky burgess.

Pa les cyrchu tŷ? Nid da y medrais.
Pa lys ddiheilfrys ydd hwylfrysiais?
Pa le waethaf eirmoed y medrais - west?
28   Poen orchest rhyffest, ni mawrhoffais.

Neuadd a welwn, newydd antrais,
niwlawg, cornawg, cornir wyndais,
ac i honno tro treiddiais - o'm amwyll,
32   llyna ddiw Ystwyll lle ydd ymdwyllais.

Pan gyfeisteddwyd ydd eisteddais
ar lawr lle ni mawr hawddamorais,
a'r ystiward llys, llysais - ei arfer,
36   a'm rhoes gyda'r glêr a ddigerais.

Llyna gawn brynhawn yn nhŷ Wrlais,
lle mawr newyn ddyn, ddydd y cyrchais,
llai nog a hedai, a chwydais drachefn,
40   a llym asgwrn cefn mi a'i cefais;

a llai no'm diawd, odlawd adlais,
yn llawrudd o brudd, braidd na thegais;
mawr oedd fy syched, pesychais - am lyn,
44   a mwy fy newyn, mi a'i naw-wais.

Ni wn pwy waethaf waelaf welais,
ni ŵyr dyn yn llwyr llwrw y ceblais
herwydd drwg a gwg a goglais - clerwr
48   i'r gŵr, i'r wraig hŵr hir ymwrddais.

Rhwy gorchest rhag gwest lle gwestais - yna,
       anad lle a brofais;
    ni bu dduw, ddoe cyferchais,
52   na westwn ar waster Sais.

Mae'r herlod? Cyfod, cais - ym f'esgidiau,
       ysgadan a brynais;
    yfory'dd af Lanferrais,
56   o Fair, pwy a bair ym bais?

What's the good of going to a house? I didn't do it well.
To what court of stingy service did I make my hasty way?
What is the worst place that I ever got a night's lodging?
Painful and most grievous strait, I didn't relish it.

I saw a hall, a new masterpiece,
foggy, horned, with long horned beams,
and I paid it a visit in my foolishness,
that's where I made a bad mistake on Twelfth Night.

When everyone sat down I sat down
on the floor where I didn't give much of a greeting,
and the steward of the court, I objected to his practice,
put me with the minstrels whom I despised.

That's what I got in the afternoon in Gorlois's house,
a place of great starvation for a man, the day I went there,
less than what flew, and I puked it up again,
and a pain in the spine is what I got;

and less than my drink, impoverished song,
murderously grim, I almost choked;
great was my thirst, I coughed for liquor,
and greater my hunger, me and his nine servants.

I don't know who was the worst and vilest I saw,
no one fully knows the way I blasphemed
because of evil and scowl and vexation of a minstrel
to the man, into the whore of a wife I thrust long.

Dire strait for want of hospitality where I lodged there,
      more than any place I ever knew;
    there was not a day, yesterday I saluted,
    that I didn't dine on an Englishman's leftovers.

Where's the servant boy? Get up, fetch me my boots,
      I bought a herring;
    tomorrow I'll go to Llanferrais,
    O Mary, who will give me a coat?

19 Y Dyn dan y Gerwyn

Traethodl syml yw'r gerdd hon, ac fe'i cambriodolwyd i Ddafydd ap Gwilym yn y llawysgrifau oherwydd natur fasweddus ei gynnwys, mae'n siŵr. Mae'r naratif bywiog a'r cymysgedd o faswedd a chyfrwystra benywaidd yn nodweddiadol o'r fabliaux, ac fe geir enghraifft o'r un stori sylfaenol mewn cerdd Ffrangeg.

Fal yr oedd fawr ei hafrad
ei hun yn y tŷ'n gwarchad,
gwelai'r mab mwya' a garai
4 i mewn yn dyfod atai,
ac i'w bwrw ar y gwely,
gwell y gwnâi na gŵr y tŷ.
Ac fel yr oedden' ill dau
8 yn gorwedd dan gwrlidau,
nycha y clywen' y gŵr
yn dweud wrth ei gyfarwr,
'Awn i 'redig y tyddyn
12 sydd rhwng y tŷ a'r odyn.'
Neidiodd y wraig yn addwyn,
trawodd y dyn dan gerwyn,
ac aeth hithau ei hunan
16 ar y gwely i ruddfan.

'O Dduw, pa beth a glwyfe
'y myd oedd yn iach gynne?'

'Llawer clwyf, llawer dolur,
20 yn ôl lludded a llafur,
a dderfydd i'n cyfryw ni
heb feiddio ei fynegi.
Dos a dywaid i'r wraig draw
24 y clefyd sydd i'm clwyfaw.
Dywed fy mod yn gorwedd
o'r clwyf bu hithau'r llynedd,
a'm bod mewn perygl angau
28 o'r clwyf gynt y bu hithau.'

19 The Man Under The Tub

This poem is in the simple 'traethodl' metre, and was no doubt attributed to Dafydd ap Gwilym in the manuscripts because of its salacious content. The lively narrative and the combination of ribaldry and female cunning is typical of the fabliau genre, and the same basic story is attested in a French poem.

As the extravagant woman
was minding the house on her own
she saw the lad she loved most
coming in to join her,
and he threw her on the bed,
he did better than the man of the house.
And as they were lying together
under the coverlets
they did hear the husband
saying to his fellow-labourer,
'We'll go and plough the land
which is between the house and the kiln.'
The wife leapt nimbly
and shoved the man under a tub,
and she herself lay down
on the bed groaning.

'O God, what has afflicted
my darling who was fine earlier on?'

'Many an affliction, many a pain,
after toil and travail,
comes to our sex
which we dare not express.
Go and tell the woman yonder
about the sickness which afflicts me.
Say I am laid low
of the same affliction that she had last year,
and that I am in danger of death
from the affliction which she too once had.'

'Arch iddi hi fod yn gre'
'n y modd y gwneles inne.
Mi ddeua' cyn pen haeach,
32   ac yna mi a'i gwna'n iach.'

A thra gafas hi gyflwr
tra giniawodd y craswr,
rhoes hi ffagl yn yr odyn
36   on'd aeth yn dân ufelyn.
Tra fu'r cymdogion achlân
yn achubaw y gwalltan,
codes y wraig y gerwyn,
40   cafodd y dyn y collwyn;
colles y wraig ei llymaid,
cafodd y dyn ei enaid.

'Tell her to be strong
in the same way as I was.
I'll come in a moment,
and then I'll make her better.'

And as she got an opportunity
whilst the corn drier was having his dinner,
she put a fire-brand into the kiln
until it was a blazing fire.
Whilst all the neighbours
were putting out the raging fire,
the wife lifted up the tub,
the man reached the hazel grove;
the wife lost her titbit,
the man kept his life.

20 Y Chwarae'n Troi'n Chwerw

Ieuan Gethin

Roedd Ieuan Gethin ab Ieuan ap Lleision o Faglan ym Morgannwg yn uchelwr a ganai 'ar ei fwyd ei hun' tua chanol y 15fed ganrif. Tipyn o hwyl am ei ben ei hun yw'r gerdd hon, er y gellir canfod ofnau dyfnach y tu ôl i'r digrifwch. Roedd y ferch yn ddigon parod i chwarae, ond fe ymddengys fod rhyw glefyd gwenerol arni a losgodd gala a cheilliau'r bardd, a chawn ddarlun digrif ohono'n rhedeg adref a'i lodrau yn ei lawes.

Bûm yn oed, bai mwynedus,
â gwen â'r ddrem lawen lus,
dyn a lwyg dan elygoes
4   a bedw mân, bu da ei moes.
A rhoi deufraich, fy rhiain,
amdanaf i o'm dyn fain;
celennig Lundeinig lân,
8   celu cas, cael y cusan;
clyw 'nyn a'm pair calon iach,
cael arall ar fin cleiriach;
cerdded, oreuged, rhagof,
12   cyfod, awch hynod, o'i chof.
Bu wae ar hynt, a bwrw hon
i lawr yn y dail irion,
lle teg i fardd - hardd oedd hi -
16   arddyrnir orwedd erni.
Meithwae Ieuan o'r dannod,
ymwthiaw byth, methu bod.
Gwae a brofes, f'afles fu,
20   gwth o bell, gwaith heb allu.
Pan gyfodais i'm eistedd
i ar wen liw eiry o wedd
yr oedd ym, ry gyflym rus,
24   gedor anniwygadus
a chŷn gwedy r'wreichioni
a chaill nid oedd lwyriach hi.

20 **A Misadventure**

Ieuan Gethin

Ieuan Gethin ab Ieuan ap Lleision was a gentleman-poet of Baglan in Glamorgan around the middle of the 15th century. This poem is a bit of fun at his own expense, although deeper fears can be discerned behind the humour. The girl was willing enough, but it seems that she had some sort of venereal disease which scorched the poet's genitals, and we are given a comical picture of him running home with his trousers up his sleeve.

I had a date, profitable fault,
with a cheerful pretty brunette,
one who hides under a willow-grove
and small birch trees, good was her custom.
And my slender one put her arms
around me, my pretty maid;
the soothing kiss I got
was like a fine present from London;
listen my girl who heals my heart,
the old man got another on his lips;
finest gift, I walked away,
she leapt up angrily, clear desire;
there was anguish thereupon, and I threw her
down in the green leaves,
a nice place for a long-wristed poet -
she was a beauty - to lie on her;
The reproach caused Ieuan great distress,
I thrusted constantly but couldn't make it.
Woe who attempts, it was my misfortune,
thrust from afar, a job which they can't manage.
When I sat up
from off the girl with snow-coloured features
I had, too sudden shock,
deformed genitals
and a scorched chisel
and a scrotum which was far from well.

Ai gwiwach, dyn ni'n gweheirdd,
bath no hon, beithannau heirdd?
Nid oedd, meddai'r prydyddion,
fwyar ei hael, fai ar hon.
O ben llost, heb ennill had,
y llysg dyn fal llosg dynad.
Clywid hyd nef fy llefain;
cymryd gan wyn fy myd main
fy nghaniad, drygfarchnad fu,
ac ymaith dan dingamu.
Celc flin ar fardd cethin coeth,
clwy 'mrib a'm caly amryboeth;
yn gam fal mwnwgl mamwydd
neu ffon hwrl ac 'n ei phen hwydd;
yn drymach, fawach fyhwm,
mewn y blew no maen o blwm.

Torri dryll, gwaith y tir draw,
o'r crys er eu careisiaw,
a'i didio wedi dodi
mewn gwlân am fy mwnwgl i.
Bwrw i'm llawais, lawndrais lef,
fy llawdr ac felly adref.
Achwyn, ni bu rym ymy,
freiched deg, wrth ferch y tŷ.
Achubawdd ym, drallym dro,
â'r gogail fal gwraig Iago,
a gosod, chwedl adgasach,
ar geisio cribinio'r crach.
Ado'r tŷ, gleirch diriaid hen,
a'r byd am lygru'r biden.

Ymddiriedawdd, gawdd gywoed,
gwae 'nt-hwy, rhai i gont erioed.
Ni ellir rhwyf ymddiried
i hon anghron, myn fy nghred;
na ellir, a hir yw hi,
i gont - ond tra feir genti.

Is there a fairer shape, one who doesn't inhibit us,
than this girl with the beautiful tresses?
The poets said that the girl
with the blackberry-coloured brow was without fault.
From the tail's end, without achieving any seed,
the girl burns like a nettle burn.
My cry could be heard as far as heaven;
my slender darling took her leave
of me, it was a bad business,
and off she went wriggling her arse.
The fine swarthy poet has got a nasty defect,
the wound of my bit and my burning cock;
crooked like a mother goose's neck
or a hurlbat with a swelling in its tip;
heavier, flow of filth,
in the hair than a block of lead.

I cut a strip, work of the land yonder,
of my shirt to carry them,
and bound it wrapped
in wool about my neck.
I shoved my trousers up my sleeve,
anguished cry, and so I went home.
I complained, I had no strength,
fair armful, to the girl of the house.
She set about me, savage turn,
with the distaff like Jacob's wife,
and began, even nastier tale,
trying to rake the scab.
I left the house, wretched old man,
and the world because of the infection of the prick.

Some have always trusted, vexatious companion,
woe to them, in a cunt.
This crooked-shaped thing cannot
be thoughtlessly trusted, by my faith;
no indeed, and it's long,
a cunt can't be trusted - only while one is with it.

21 Dialedd y Bardd

Dafydd Llwyd o Fathafarn

Roedd Dafydd Llwyd o Fathafarn yn Sir Drefaldwyn yn adnabyddus fel awdur cerddi brud yng nghyfnod Rhyfeloedd y Rhosynnau, ond roedd hefyd yn hoff o ganu maswedd, fel y dengys y gyfres o englynion a ganodd gyda Gwerful Mechain (rhif 6 uchod). Mae thema'r gerdd hon yr un peth â'r un flaenorol, ond mae ei hamcan yn wahanol iawn. Ergyd yn erbyn bardd arall o'r enw Llywelyn ap Maredudd yw'r honiad fod Dafydd nid unig wedi cysgu gyda'i gariad a chyda chares iddo, ond hefyd ei fod wedi dal clefyd gwenerol gan un ohonynt.

      Cerddais, cyfeiriais yn falch
      tua Lloegr a'r tai lliwgalch,
      ar oddef cael caffaeliad,
4   trefydd a cheyrydd ni chad,
      i weled draw ar ôl trin
      y barwniaid a'r brenin,
      a phardwn, credwn, rhag crog
8   i un enwir, annoniog
      (Llywelyn 'nernyn, fy nêr,
      Amhredudd yw fy mhryder).
      Cenfigen, rhyw awen rhus,
12   a'm rhwystrodd yn rhy astrus;
      pawb yn f'ôl, fel pe bawn fwyn,
      ag untrew fel bai gantrwyn.
      Deuthum, bu hydrum baham,
16   i Lwydlo, ddiwael adlam.
      Yno gwelais un gulael,
      gem ar swrn, Gymraes hael,
      cares falch (dyn cras yw fo),
20   i Lywelyn, ail Iolo,
      Amheredudd, di-gudd ged,
      bedw nwyfiant, ab Ednyfed;
      a gwahodd hon, ddyn gweddw hy,
24   ymhell ytoedd, i'm llety.
      Gordderchais, gwrdd o orchwyl,
      ofn na chaid y fun wych ŵyl,

21 The Poet's Revenge

Dafydd Llwyd of Mathafarn

Dafydd Llwyd of Mathafarn in Montgomeryshire was well known as the author of prophetic poems in the period of the Wars of the Roses, but he was also partial to bawdy verse, as can be seen from the englynion which he exchanged with Gwerful Mechain (no. 6 above). This poem has the same theme as the preceeding one, but its purpose is very different. It was intended as a jibe against a fellow poet called Llywelyn ap Maredudd, claiming not only to have slept with his mistress and with a female relative of his, but also to have caught venereal disease from one of them.

I walked, I made my way proudly
towards England and the chalk-coloured houses,
hoping to get the chance,
there were no towns or forts,
to see there, after battle,
the barons and the king,
and a pardon, I believed, from hanging
for a wicked hapless one
(Llywelyn Amhredudd, my lump, my lord,
is the cause of my worry).
Jealousy, a hindering sort of spirit,
prevented me most craftily;
everyone was after me, as if I was a gentleman,
with one sneeze as if from a hundred noses.
I came, because it was open,
to Ludlow, good refuge.
There I saw a fine-browed girl,
jewel of a crowd, a noble Welsh woman,
proud kinswoman (he's a harsh man)
to Llywelyn, another Iolo,
Amheredudd, prominent gift,
vigour of birch, son of Ednyfed;
and I invited her, bold single man,
it was far, to my lodging.
I made love, a mighty task,
for fear that the lovely shy girl was not to be had,

99

â'i gariad ef, addef fu,
a'i anwylddyn, ddyn aelddu.
Chwedel gorfod, trallod tro,
fod gwên hynod gan honno.
28

Yn niwedd fy nghyfeddach
y dôi wen wallt felen fach.
32

Euthum i gysgu wythawr,
mi a bun fwyn, bu boen fawr.
Marchog fûm yn noethlumyn
dra fu nos ar dor fy nyn;
36

a thrannoeth, ddyn wiwgoeth wen,
(och fi, Dduw, na chaf dduen)
amcenais, heb ddim cwynaw,
duag adref o'r dref draw.
40

Gwedi darfod, gwawd eurfun,
dofi 'y nghorff, deifio 'nghŷn,
mae gwrid gormod i'm piden,
i ddiawl lai na phawl ei phen!
44

Fe oerwyd fy nghwd eirin,
drallod heb les, dreilliad blin.
Mae i'm llawdr am anlladrwydd,
oes ym gaill mwy na sum gŵydd.
48

Ystôr ym, ys da riwárd
i gael ymborth, gal Lwmbard.
Os y gogan a rannir,
ni wn pwy o ddwy oedd wir,
52

ai cares gŵr â'r crys gwyn,
ai cariad Eiddig orwyn.
Gwin gawn gan dylwyth gwen gynt,
ddeg neu ddeuddeg lle'dd oeddynt;
56

bellach, er nas crybwyllwyf,
a fu gun, mor ddiog wyf!
Melltith Dduw ym mellt a thes
ar y gŵr oer a'i gares,
60

a'i gariad, onid gwirion,
tân gwyllt a byllt yn ei bôn.

with his mistress, she was acknowledged,
and his sweetheart, dark-browed girl.
There's no doubt, cause of tribulation,
that she has a spectacular smile.
At the end of my debauchery
the little blonde-haired beauty came.
I went to sleep for eight hours,
me and my gentle girl, there was great pain.
I was a rider stark-naked
all through the night on my girl's belly;
and the next day, lovely white maid,
(oh God, if only I could have a black-haired girl),
I set off, without complaint,
homewards from the town there.
Since my body has been tamed,
golden girl's praise, by the scorching of my chisel,
my prick is excessively inflamed,
I'll be damned if its head is smaller than a pole!
My scrotum has been blighted,
unhappy tribulation, grievous deformation.
Because of wantonness there is in my trousers,
yes, I've a testicle bigger than a goose's body.
I've got a Lombard's cock stored away,
it's well worth having for sustenance.
If reproach is to be dealt out,
I don't know which of the two it was in truth,
whether the man's kinswoman with the white smock,
or the Jealous One's radiant mistress.
I used to get wine from the beauty's family once,
ten or twelve where they were;
now, though I don't mention it,
who was once beloved, how sluggish I am!
The curse of God in lightning and heat
on the nasty man and his kinswoman,
and his mistress, unless she's innocent,
wild fire and darts in her rump.

22 Elen Deg o Landaf

Ieuan Brydydd Hir

Bardd o Sir Feirionnydd yn ail hanner y 15fed ganrif oedd Ieuan Brydydd Hir, a Thudur Penllyn, testun y cywydd hwn, oedd awdur yr ymddiddan rhwng Cymro a Saesnes (rhif 14 uchod). Canodd Tudur gywydd i ateb hwn, gan honni iddo wneud cymwynas ag Ieuan trwy ei gadw rhag pechod godineb.

        Elen ydoedd fawr gennyf,
        anghywir deg yng Nghaerdyf.
        Ofer, gwen o Forgannwg,
4   y'th gerais; llyna drais drwg
        a wnaeth lleidr annoeth llwydwyn,
        gwae fi orfod honni hyn.
        Tudur drwyn pawl, tid ar draws,
8   teg awengerdd, tŷ gwyngaws,
        pŵl yw'r tâl, piler tewlaeth,
        Penllyn, dwyn fy nyn a wnaeth.
        Cawswn yn gyntaf afael
12   am ei chorff, hwyr ym ei chael;
        cofl araf, cyfliw Euron,
        cerais a chusenais hon.
        Mi a rois i'm aur iesin
16   dlos a gwych, dlysau a gwin.
        Gwneuthum, dugum wawd agos,
        â bun oed wedi bai nos
        yng nghornel, lle bu 'ngelyn,
20   cell deg, hawdd yw colli dyn.
        Cael gwybod, caliog ebol,
        a wnaeth, eiddig wyf yn ôl,
        diras ei liw, dors o wlân,
24   Dudur leidr, droed lydan,
        cyfle i ŵr fydd cofl wen,
        cron ael, y carwn Elen,
        a dyfod, annod uniawn,
28   i'r tŷ yr oedd, ŵr taer iawn,
        a hug arian amdanaw
        a chlog lwyd i ochel glaw.

22 Fair Elen of Llandaf

Ieuan Brydydd Hir

Ieuan Brydydd Hir of Meirionethshire was active in the second half of the 15th century. Tudur Penllyn, the subject of this poem, was the author of the conversation between a Welshman and an Englishwoman (no. 14 above). Tudur composed a poem in reply to this one, claiming to have done Ieuan a favour by saving him from the sin of adultery.

I held Elen in great esteem,
the fair false one in Cardiff.
In vain, beauty from Glamorgan,
I loved you; there's wicked violence
that a foolish greyhaired thief committed,
woe is me that I have to say this.
Tudur Penllyn with a nose like a pole, crooked chain,
fine inspired song, white cheese house,
dull is the payment, pillar of thick milk,
he did steal my girl.
I was the first to get hold
of her body, I was a long time getting her;
gentle armful, same hue as Euron,
I wooed and kissed her.
I did give jewels and wine
to my fine pretty treasure.
I arranged, flattering assiduously,
to meet the girl after nightfall
in the corner, where my enemy was,
of a nice chamber, it's easy to lose a girl.
Tudur the flat-footed thief
got to know that I was wooing Elen,
the big-pricked foal,
vile his colour, torch of wool,
I'm jealous afterwards,
the beauty with arched brow is well worth embracing,
and he came, direct shame,
to the house where she was, most pressing man,
wearing a silver mantle
and a grey cloak to keep off the rain.

Bwrw'r simwr bras ymaith
er gweled gwyched ei gwaith,
a chael edrych o Elen
yr hug o liw, rywiog len.
Y ferch anwadal a fo,
dillynion a dwyll honno.
Ni chawn i ddyfod ychwaith
at Elen i'r tŷ eilwaith;
yr oedd hwn, oer oedd hynny,
y caliwr taer yn cloi'r tŷ,
ac yn chwerthin, gwyn chwarthawr,
o'r llofft tra fûm ar y llawr.
Mi a wylais am Elen
ddŵr i'm pais o ddrem y pen.
Llai gennyf y llo gwynwyl
nog ydoedd cyn hyn o hwyl;
wrth ei hug yr aeth â hi
ac o ragor gorwegi.
Anfodlon wyf, ynfydloes,
i'r hug ac i'r gŵr a'i rhoes;
gwae fi roi, ac ofer wyf,
gwisg eglur i'r gwas gwaglwyf.
Od af i wlad, difai wledd,
Forgannwg o fro Gwynedd,
arwydd Ithel a welir,
arian hug, ar Ieuan Hir;
llysiau'r Mai a lliw sêr mân,
llurig o fantell arian;
llen i'w dwyn uwch Llundain waith
lle'r elwyf felly'r eilwaith.
Archangel lle bo Elen,
am gael gwisg, felly y'm gwêl gwen,
a Thudur, deg ei wegil,
dros gof a adewir is gil,
gwardew leidr, gŵr diwladaidd
gorau dim yw, gwrid y maidd.
Ni bo fwyn, o bu fynych
y bu gan Elen wen wych.
Am ddwywaith y maddeuaf
i Elen deg o Landaf;
da yw bonllost o Benllyn,
a Duw a'i maddeuo i'r dyn.

He threw off the rough cloak
so that Elen could look at
the colourful mantle and see
the splendid workmanship of the fine garment.
Any girl who is fickle
will be deceived by pretty things.
I couldn't come again either
into the house to Elen;
this ardent fucker, that was grim,
had locked the house,
and was laughing, white laugher,
from upstairs while I was on the ground.
For Elen I wept
water from my face down to my coat.
I didn't think so much to the silly white calf
as I did before this business;
by his mantle he took her
and by more such trifles.
I'm dissatisfied, wild pang,
with the mantle and the man who gave it;
Woe is me, and I am vain,
that a bright garment was given to the linden-tree lad.
If I go to the land, perfect feast,
of Glamorgan from the region of Gwynedd,
Ithel's sign will be seen,
silver mantle, on Tall Ieuan;
the plants of May and colour of tiny stars,
a corselet of a silver mantle;
a garment to wear better than the work of London
where I may go thus a second time.
An archangel where Elen will be,
as far as dress goes, so will she see me,
and Tudur, fair his nape,
will be left completely forgotten,
thick-necked thief, he is the best
sophisticated man, flush of whey.
May he not be gentle, if it was often
that he had fair fine Elen.
For doing it twice I'll forgive
fair Elen of Llandaf;
good is a tail from Penllyn,
and may God forgive the girl for it.

23 Y Clerigwr a'r Forwyn

Syr Dafydd Llwyd Ysgolhaig

Bardd amatur tua chanol yr 16eg ganrif oedd Dafydd Llwyd Ysgolhaig.
Offeiriad heb radd fyddai'n dwyn y teitl 'Syr'.

Bwriais i brofedigeth
a'm bryd ar rodio'r byd beth:
dechrau yng ngheudod brodir
4   a thrwy daleithiau'r deau dir;
ymofyn, o dremyn dro,
darogan am le i drigo;
ysbïais blas urddaswych
8   a gwidw o wraig weddw wych,
a gwylan wen, gwelwn i,
fawrwych oedd, o ferch iddi.

Da gwyddwn i, a dinam,
12   gadw'i merch oedd gyda'i mam;
ei mam yn arfer o drefi,
gado'i merch oedd gyda mi.
Tyfu'n gynnar gydnabod
16   â gwenlloer wen, unlliw'r ôd;
addef dan gellwair iddi,
yng nghiliau f'ais, fy nghlwyf i.
Ni fedrai hi odineb,
20   meddai, nis gwnâi er neb.
O'i bodd ni chaid bun lednais,
mwy no'r dryw ni wnawn i drais.
Eto, er hyn, hi gytunodd
24   gaffel ei barel o'i bodd:
neidio o'm gwen, fynwes iesin,
i'r gwely a thalu â'i thin.

Pan glywes 'mun gŷn bondew
28   a chlywed blas chwilio'i blew,
ni thynnai gwen gymen gu
ei golwg oddi ar y gwely.
Heb ohir daw'n brynhawnyn

106

23 The Cleric and the Virgin

'Sir' Dafydd Llwyd the Scholar

Dafydd Llwyd was an amateur poet of the mid-sixteenth century. The Welsh title 'Syr' was given to priests without a degree.

I brought tribulation upon myself,
intending to see a bit of the world:
starting in the middle of my native region
I travelled through the provinces of south Wales;
I enquired on my travels
of news about somewhere to stay;
I saw a magnificent mansion
and a fine unmarried widow woman,
with a white seagull of a daughter,
I did see that she was splendid.

I knew well, and faultlessly,
how to care for her daughter who was with her mother;
as her mother went to town
she would leave her daughter with me.
I soon got to know
the bright white moon, of snow's hue;
I confessed jokingly to her
my malady in my crotch.
She couldn't commit fornication,
she said, she wouldn't do it for anyone.
The lovely maid was not to be had of her own will,
I wouldn't commit rape anymore than a wren.
Still, nevertheless, she agreed
of her own will to let me have her barrel:
my sweetheart jumped, radiant bosom,
into bed and paid with her arse.

When my maid felt the thick-shafted chisel
and tasted the probing of her pubic hair,
the sweet pretty girl couldn't keep
her eyes off the bed.
Without delay afternoon comes, time

i'w chweirio'n faith, a'i charu a fyn,
a gwayw ym mhen 'nyn wendlos,
a'i gwyno a wnâi gyn y nos,
ac yno'n wir, 'nyn irwen,
i gysgu i'r gwely'r âi gwen.
Digio wna'r feinir arab
a galw "How, i'r gwely, hab".
Myned a wnawn yn llawen
dan lechu tua gwely gwen;
troi tro ymysg a chysgu
yn dwym, mi a'm dyn hy;
yno'i gwelid yn llidiaw,
a choes ar dro droso' draw,
a gofyn i mi'n ddiwyd,
"Ai cysgu, er Iesu, 'r wyd?"
Gorfod rhoi cysgod i'r cŷn
a'i tharo dan ei thoryn.
Dig i mi, rhwng deg a naw,
frathu hon wrth ddihunaw,
a hanner nos, 'nyn dloswen,
rhaid yw trawod gwaelod gwen.
Y plygain, y fun feinael,
gwen a fynnai ei gael.
Bore, lliw'r ôd, wrth godi,
cael cnych a chwennych hi.
Cnych fynnai, o châi'i chyngor,
cyn cinio, a tharo'i thor.
Fo gâr rhiain, ael feinrhydd,
bib i'r din bob awr o'r dydd.
Rhaid i'r fun gael anerchion
cyn swper, a bêr yn ei bôn.
Gwedi darffo swperu,
a rhodio tro 'r hyd y tŷ,
o châi gnych yn ddiduchan
ni wrthyd hi, wrth y tân.
Ped faid ganwaith, wenieithferch,
gan yr un, eirianfun ferch,
ni wnâi wylder na thery;
parod yw ei harfod hi.

Na chnych di yn rhy ddiriaid
er hyn ond a fyddo rhaid.

to doll herself up, and she wants to make love,
and my pretty creature has a headache,
and she complains of it before night,
and then indeed, my fresh bright girl,
she went to bed to sleep.
The playful beauty gets cross
and calls out "Hey, to bed, you ape".
I did go gladly
creeping towards her bed;
we had a roll intertwined, and went to sleep
warm, me and my bold one;
then she was seen to get angry,
and swung her leg over me,
and asked me urgently,
"Are you asleep, for Christ's sake?"
I had to give shelter to the chisel
and strike her under her robe.
It was grievous for me, between ten and nine,
to pierce her as I woke up,
and at midnight, my pretty bright girl,
I have to handle her bottom.
At dawn, the fine-browed maid,
she insisted on having it.
In the morning, colour of snow, as we got up,
she wants to have a fuck.
She wanted a fuck, if she had her way,
before dinner, and have her belly struck.
The maid likes, fine noble brow,
a pipe to her arse every hour of the day.
The girl must have greetings
before supper, and a shaft in her rump.
After supper is over,
and a walk about the house,
if she could have a fuck without grumbling
she won't refuse, by the fire.
Had she had it a hundred times, blandishing girl,
with the same man, dazzling girl,
modesty would not stop her thrusting;
her stroke is always ready.

Because of this don't you fuck
too wantonly, but only what is necessary.

24 Ceirw'n Ymgydio

Dafydd ap Gwilym (?)

Ceir copïau o'r englyn hwn mewn dwy lawysgrif ddiweddar, ac mae'n anodd iawn barnu a ydyw'n waith dilys Dafydd ap Gwilym neu beidio. Ond cynhwysodd Sir Thomas Parry yr englyn yn Blodeugerdd Rhydychen o Farddoniaeth Gymraeg *wrth enw Dafydd. Pos ydyw sy'n chwarae ar y gair 'gwialen', gair teg cyffredin am y gala. Byddai wedi cael ei adrodd yn wreiddiol heb deitl.*

Doe gwelais cyd â gwialen - o gorn,
    ac arno naw cangen;
    gŵr balch ag og ar ei ben
    a gwraig foel o'r graig felen.

24 Deer Coupling

Dafydd ap Gwilym (?)

Copies of this englyn occur in two late manuscripts, and it is very difficult to judge whether or not the attribution to Dafydd ap Gwilym is genuine. But Sir Thomas Parry did include it in the Oxford Book of Welsh Verse *as Dafydd's work. It is in fact a riddle, which would originally have been recited without a title, playing on 'gwialen' (rod), a common euphemism for the penis.*

Yesterday I saw copulation with a rod of horn,
with nine branches on it;
a proud man with a harrow on his head
and a bald woman from the yellow rock.

25 Mab a Merch yn Caru

Llywelyn ap Gutun

Mae Llywelyn ap Gutun (fl. 1480) yn adnabyddus am ei ymryson digrif â Guto'r Glyn. Bu hefyd yn ymryson ar bynciau mwy masweddus â Lewys Môn (ynghylch gordderch Deon Bangor) ac â Dafydd Llwyd o Fathafarn a Gwerful Mechain. Mae hon yn enghraifft nodedig o grefft dyfalu, ac mae'n arwyddocaol ei bod yn dechrau'n debyg i'r englyn blaenorol, oherwydd mae'r elfen o bos yn amlwg yma hefyd. Fe ymddengys fod y ferch ei hun yn cael llais ar ddiwedd y cywydd, lle y caiff gwyno am effaith ei hystum anarferol.

Da gwelais ar lednais lawnt
doe anelu dyn alawnt
o drychafael gafaelion
4   fal nad adwaeniad tad hon.
Nid oedd hir feinir tra fu,
na phell iawn o'i phellennu
a'i byrnio, ffordd yno'dd oedd,
8   a'i chodi, dyn wych ydoedd,
a'i gyrru; fy nyn gwirion
a dyrcha'i grwth yn dorch gron.
E' fu encyd yn fynci,
12   yn olwyn car neu lun ci;
rhwym dafad, trymyniad tro,
a chi'n hafog i'w chneifio;
pêl adwyth, lle'r pawl ydoedd,
16   fal draenog ar gostog oedd;
a diwygiad eu deugorff -
march ac arth ym mreichiau'i gorff;
gwar cleirch ar gwrwgl hen
20   yn gwrth-hoelio ei grwth halen.
Ni chair i'n oes chwarae'n well
uwch ei ffwrch, hwch a phorchell;

25 A Man and a Woman Making Love

Llywelyn ap Gutun

Llywelyn ap Gutun (fl. 1480) is well known for his comical exchange with Guto'r Glyn. He also clashed on more bawdy subjects with Lewys Môn (about the Dean of Bangor's mistress), and with Dafydd Llwyd of Mathafarn and Gwerful Mechain. This is an outstanding example of the technique of 'dyfalu' (see Introduction), and it is significant that it starts in similar fashion to the previous poem, since the riddle element is also prominent here. At the end of the poem the girl herself seems to be given a voice, complaining about the ill effects of her unusual posture .

Well I saw on fine linen
yesterday a fair girl being bent
by raising up her forked legs
so that her father would not know her.
While she was like this the beauty was not
tall, nor far from being turned into a ball
and trussed up, thus it was,
and lifted, she was a lovely woman,
and pushed; my harmless man
lifts up his basket like a round collar.
For a moment it was a horse-collar,
a cartwheel or the form of a dog;
the bond of a sheep, a goblin's shape,
and a wild dog shearing her;
a blighted ball, it held the pole,
it was like a hedgehog on a spike;
and the image of their two bodies -
a horse with a bear in the arms of its body;
an old man's nape on an old coracle
riveting his salt basket.
In our age there's no better play
over her fork, sow and young pig;

chwarae, dysgwch i'ch wyrion,
24 tancwd hwch uwch tincwd hon;
dyrnodiau, tancydau cadr,
diawl aruthr yn dal aradr;
gŵr yn myned, garw meinwych,
28 â'i gath i'r gell, gweithiwr gwych.
Aruthra' twrn, ei thraed hi
glas dydd oedd ddwyglust iddi;
weithiau eraill ar draill draw
32 dros ei wddw yn dyrs iddaw.
Pen y gal pan y'i gwelais
a'i gwylio byth heb gael bais.

'Ni cherddais, treiglais bob tro,
36 rhyw ddotiais, gam rhwydd eto.
Tinhwygwch, cenwch eich cainc,
trychefwch tra foch ifainc.
A fynno bod gan fenyw
40 yn iawn draed yr awn i'r rhiw.'

the game, teach it to your grandchildren,
of a sow's udder over the girl's arse;
the blows, mighty testicles,
of a huge devil holding a plough;
a man taking, fine slim stag,
his cat to the cell, fine worker.
Most amazing turn, her feet
by daylight were ears for her;
then again bent over
across his neck they were torches for him.
When I saw the end of the cock
I watched it without seeing it reach the bottom.

'I didn't walk an easy step ever again,
I rolled every turn as if I was stunned.
Bugger away, sing your song,
lift up while you are young.
Whoever wants to be with a woman
we'll go at it straight-footed.'

26 Gofyn Clo Cont

Syr Hywel o Fuallt

Bardd o'r 16eg ganrif oedd Syr Hywel o Fuallt, ac mae'n debyg ei fod yntau hefyd yn offeiriad heb radd. Rhywfath o barodi ar y cywydd gofyn yw hwn, yn cynnwys yr elfennau safonol, sef mawl i'r rhoddwr, y gof Hywel ap Gruffudd, eglurhad pam fod angen y rhodd (achos fod dyn arall yn chwennych cariad y bardd), a disgrifiad manwl o'r math o glo a ddymunir.

Hwyl gymen yw margen mawl,
Hywel, eryr hael wrawl,
fab Gruffudd, ddedwydd ddidwyll,
4   gwyn bôr, da y gwnei gan bwyll,
grudd dedwydd, gradd odidog,
grefft mal Tubal, myn y Grog.
Gŵr ar gyhoedd ym oeddyd,
8   gorau gof o'r gwŷr i gyd.
Gorddiwes, gair o ddeall,
gael gennyd gelfyddyd gall.

Y mae dyn fwyn ei hwyneb,
12   yn awr tegach yw no neb,
lliw'r manod gerllaw'r mynydd,
yn gariad ym, liw gwawr dydd;
ael ddufalch, o leddf ofeg,
16   Alis, dyn wineulas deg.
Addas oedd brydu iddi
yng nghôr dail, fy nghariad i.
Ac y mae - pand gwae? - a'i gwŷl,
20   i'w hamau byth i'w hymyl,
gogan a saif, gwag iawn sôn,
gŵr arall, geiriau oerion,
Morgan, fy nghyfaill annwyl,
24   meudwy a gâr fy myd gŵyl.
Wrth gynired drwy'r rhedyn,
o Dduw, ys cadnawaidd ddyn,
beunydd dan ymchwibanu,
28   barn fawr o waith, bwrn a fu,
hyd lle y bai em loywdrem lus

26 To Request a Chastity Belt

'Sir' Hywel of Builth

Hywel of Builth was a 16th-century poet, and it seems that he too was a priest without a degree. This is a kind of parody on the request poem, containing the standard elements of the genre, namely praise to the giver, the blacksmith Hywel ap Gruffudd, an explanation of the need for the gift (that is because another man is lusting after the poet's mistress), and a detailed specification of the type of chastity belt required.

The commerce of praise is a wise course,
Hywel, noble brave eagle,
son of Gruffudd, happy and honest,
bright lord, well do you perform with care,
happy face, splendid status,
a craft like Tubal, by the Cross.
You were a man well known to me,
the best blacksmith of all men.
See to it, word of sense,
that skilled workmanship be had from you.

There is a girl gentle of face,
she is now fairer than any,
the colour of fine snow by the mountain,
who is my love, dawn's hue:
dark proud brow, soft-spoken,
Alice, fair pale girl with auburn hair.
It was fitting to compose poems to her
in the choir of leaves, my sweetheart.
And there's one who watches her,
isn't it awful? - always by her side doubting her,
standing infamy, vain rumour,
another man, cold words,
Morgan, my dear friend,
a hermit who loves my shy darling.
Creeping towards her through the ferns,
o God, he's a foxy man,
every day whistling to himself,
dreadful deed, he was a nuisance,
to where the lovely dark jewel was

y dôi'r lleidr yn dwyllodrus.
Hithau, fy ngwen, liw ysblennydd,
32   cyn ddofed, cyn fwyned fydd,
eirian yw fy huan hir,
â'r ddafad, lle'r addefir.
Ni ddyd wich, ni ddywaid air,
36   nid ysgyg ei dwy esgair.

Efallai, pe down, felly,
atad, na wna frad ym fry,
i geisio rhag digasedd
40   ar liw gwawr, eurloyw ei gwedd,
gwerchyr glân, nid wyd anwr,
rhag ymgyffred gweithred gŵr.
Clyw'r modd o waith, clior mes,
44   clo deurwym, caled eres,
egni fydd i brofi brad,
ac allwydd, rhag ofn gwilliad,
i'w droi'n ffest dan gest dyn gŵyl,
48   yn unnos, a'i gloi'n annwyl,
drem dda uchel, drom, ddichwith,
dros ei chont ar draws o chwith.

Achos na cheisiaf echwyn
52   brysia erof, y gof gwyn.
Trwsia rhag trais dan bais bun
llogell am gafell gefyn,
craff isel lle nis gwelir,
56   crefft gadarn o haearn hir;
llen dros ei blew o newydd,
llain fawr dros ei llwyn a fydd.
Trwsia'n union dros floneg
60   a gwna'n y fan darian deg.
Cais ryw sisiel lle'u gwelych,
cysyllta hyn, ŵr gwyn gwych.
Gwna yn gall, drwy ddeall draw,
64   lle bo'r bos, llwybr i bisaw,
hir y trig pob cenfigen,
megis tyllau pinnau pen,
mor gyfyng, mawr yw gofwy,
68   i mewn nad êl yno mwy
na bys bach cyfrinachwr
i chwilio gwen, na chal gŵr.

the thief would come furtively.
She, my beauty, splendid colour,
is as tame and as gentle,
my tall sun is radiant,
as a sheep, if the truth be told.
She doesn't utter a squeak, she doesn't say a word,
she doesn't shift her two legs.

Perhaps then, if I were to come
to you, don't betray me above,
to seek against hostility
a fine cover for she of dawn's hue,
shining bright her face, you're no knave,
lest she have intercourse with a man.
Hear the fashion of the work, gland case,
lock with double clasp, exceptionally hard,
it will be force to put treachery to the test,
with a key, for fear of a bandit,
to turn it fast under the shy girl's belly,
in one night, and lock it lovingly,
good high visage, heavy, dexterous,
awkwardly across over her cunt.

Because I seek no loan
make haste for me, fine blacksmith.
Fix against violence under a girl's smock
a case about the fettered chamber;
firm and low where it's not to be seen,
strong craft of long iron;
a new curtain over her pubic hair,
there will be a big strip over her bush.
Fix right over the lap
and make on the spot a fine shield.
Seek out some sort of cords
and join them together, fine bright man.
Make skilfully, with understanding yonder,
where the pommel is, a channel to piss,
long does all envy last,
like pin-prick holes,
so narrow, an intruder is big,
that no more will there go in there
either a furtive one's little finger
to probe the lovely girl, or a man's cock.

27 Mab wedi Ymwisgo mewn Dillad Merch

Huw Arwystli

Brodor o Drefeglwys yn Sir Drefaldwyn oedd Huw Arwystli, ac roedd yn ei flodau yng nghanol yr 16eg ganrif. Mae cryn elfen o bos yn y cywydd hwn, yn seiliedig ar yr anghysondeb rhwng gwisg y mab a'i natur gorfforol. Er i'r bardd sôn am y mab fel merch, mae'n bwysig sylweddoli nad gwrywgydiwr mo hwn, oherwydd holl bwynt y gerdd yw mai chwantau gwrywaidd sydd ganddo er gwaetha'i wisg. Efallai mai actiwr mewn drama neu basiant oedd y mab.

Y ferch fwynddadl, lygadlws,
 hed a dwygaill a hws,
un wisg â'i mam ddinamiad
4   a'i thwyts yn debyg i'w thad;
gwidw hoyw, gwadai haeach
gŵr fyth, er un garrai fach.
Deudroed sy i'm bun loywlun lwyd
8   a threm wrdd a thri morddwyd.
Gwisgodd wawr, gosgedd araul,
wisgiad hws yng ngwasgod haul.
Meddynt, o ddull a moddoedd,
12   Esyllt tref Oswallt draw oedd.
Ei rhoi yno'n rhianedd
a gawn, ymysg gwin a medd.
Gwell gan dda'i llun, fun feinwar,
16   neges â'i chares no'i châr.
Awdurdod ei diweirdab:
gwell genti serch merch no mab.
Mwy'n ddigwmpâr y carai
20   ei nith, o'r hanner, no'i nai.
A hon ni thâl ei hannerch
i fab rhy chwannog i ferch.
Ac yn llawforwyn y gwedd
24   i dduges rhag eiddigedd.
Ni bu uchod yn bechwr
erioed rhwng ei deudroed ŵr.

27 A Boy Dressed in Girl's Clothes

Huw Arwystli

The sixteenth-century poet Huw Arwystli was a native of Trefeglwys in Montgomeryshire. There is a strong element of riddling in this poem, based on the discrepancy between the boy's clothing and his physical nature. Although the boy is referred to as a girl, it is important to realize that he is not a homosexual, since the whole point of the poem is that he has male desires despite his clothing. He was perhaps an actor in a play or pageant.

The soft-spoken girl with pretty eyes,
with a hat and two balls and a mantle,
clad the same as her fine-haired mother
and her touch [= sexual contact] like that of her father;
lusty widow, she would renounce indeed
a man forever for one little lace.
My lovely pale maid has two feet
and a sturdy face and three thighs.
The maiden put on, radiant form,
a mantle dress under a sunshade.
They said that in manner and appearances
she was the Isolde of Oswestry town yonder.
We can put her there
as one of the maidens amongst wine and mead.
The slender shapely gentle maid prefers
intimacy with her girlfriend than her boyfriend.
The authority of her chastity:
she'd rather have the love of a girl than a boy.
Incomparably more would she love
her niece, by half, than her nephew.
And for a boy who really desires a girl
it's no use chatting up this one.
And she's suitable as a handmaiden
to a duchess in case of jealousy.
No sinful man was ever up
between her two feet.

Er na fu ŵr a wnâi fost,
28   'e fu unllath o fonllost.
Rhan fenyw yw'r purffriw pall,
rhan wryw yw'r rhan arall.
Gwell y gwedd ar ferch arab,
32   un â thin fawr, no than fab.
Da y gwedd, felly y digwyddon',
dan lawer pais harnais hon.
Er trwsio siop top y tâl
36   wrth nwyts, rywiogdwyts ragdal,
mae uwchlaw'r ffêr, yn lle'r llaill,
brwysg dewgyn braisg a dwygaill.
"Rhan fry'n ferch", medd gordderchwr,
40   rhan yn ôl, er hynny, 'n ŵr.

Trwsiaist i esgus traserch
un â llyw mab yn lle merch.
Lluniaist mewn dadl gariadlawn
44   un â dwy gaill, yn deg iawn.
O lluniaist draw'n ferch dawel
nesa i'th wraig noswaith yr êl.

Although there was no man who would boast,
there was a yard of tail.
The lovely outward attire is a woman's part,
the other part is a man's part.
She's better suited to be on top of a playful girl,
one with a big arse, than under a boy.
Her weapons fit well,
so may they fall, under many a smock.
Although the display of the brow has been adorned
with a brooch, fine-textured diadem,
there is above the ankle, instead of the others,
a big thick strong chisel and two balls.
"The upper part is a girl" says a suitor,
the remaining part, nevertheless, is a man.

You attired to simulate desire
one with a boy's tail instead of a girl's.
You made in an amorous transaction
one with two balls, most beautifully.
If you made yonder a quiet girl,
let her lie beside your wife for a night.

28 Dychan i Geilliau Guto'r Glyn

Dafydd ab Edmwnd

Dafydd ab Edmwnd o Sir y Fflint a Guto'r Glyn o Lyn Ceiriog oedd dau o feirdd mwyaf blaenllaw Cymru yn ail hanner y 15fed ganrif. Dyn mawr cryf oedd Guto, ac fe ymddengys iddo dorri'i lengig (dyna ydyw 'y fors') wrth godi pwysau, gan achosi i'w geilliau chwyddo.

Y dyn y sigwyd ei au,
a'i gylla 'nghwd ei geilliau,
ar d'osgedd oer yw disgwyl,
4   ystum hoc, oes dim o hwyl?
Beiau swrn, be' sy arnad,
bwmpa hers heb imp o'i had,
ai cornwyd fal maen carnedd,
8   ai briw baich obry heb wedd,
ai twddf sy yt, ai oddfyn,
ai torrog lost, Guto'r Glyn?
Un fal gast yn foliog yw
12   o dorogrwydd a drygryw,
gloes galed o'r glas goludd,
gwain caill, ni chair gŵn a'i cudd.
Dyrchaf llwythau yn ieuanc
16   dan y groth - onid yw'n granc? -
y maen, heb na llun na modd,
ym mhowntens a'th amhwyntiodd.
Toriad ar un o'r tir draw
20   tew anesgor tan ysgaw
yw bwrn, yn arffed o bydd,
a chwd fal dôr wichiedydd.
Er ennill gynt yr einion,
24   am y fors yt mwy fu'r sôn.

28 Satire on Guto'r Glyn's Testicles

Dafydd ab Edmwnd

Dafydd ab Edmwnd of Flintshire and Guto'r Glyn of Glyn Ceiriog were two of the most prominent Welsh poets in the second half of the fifteenth century. Guto was a big strong man, and it seems that he ruptured himself whilst lifting weights, causing his testicles to swell up. Some phrases in the satire are obscure, and the translations are tentative.

The man whose liver has been sprained,
and his belly in the bag of his balls,
your figure is a nasty sight,
shape of a billhook, have you any health?
Heap of defects, what's the matter with you,
arse's apple without any shoot from its seed,
is it a boil like a cairn stone,
or an unshapely swelling bruise down there,
or is it an excrescence you've got, or a knob,
or a swollen tail, Guto'r Glyn?
It's like a big-bellied bitch
from swelling and degeneracy,
a hard wound from the small gut,
testicle's sheath, there's no gown will hide it.
Lifting burdens as a young man
below the abdomen - isn't it a crab? -
the stone without shape or form,
in potence [?] put you out of sorts.
A bursting on one from the land yonder
of an essential fat organ under elder trees
is a bundle, if it is in the lap,
and a scrotum like a creaking door.
Despite winning the anvil once,
there was more talk about your rupture.

Gellaist ddwyn camp a'i golli,
gwell y dug dy geilliau di.
Blin yw bors heb luniaw budd,
28   blwch eli blew a choludd;
torcyn fal Iorwerth Teircaill,
tancwd pŵl fal tincwd paill;
pil blew ynghylch pêl o blwm,
32   parfil o bwndril bondrwm;
paban ar lun cod pibydd,
pêl fawr wrth fôn pawl a fydd;
paladr a gyrdd, plaid ry gas,
36   pwn dy dor, pandy diras;
pwys o wêr, peisiau eirin,
piser dŵr yn pwyso'r din;
poten gôr, putain gerrynt,
40   powtner gafl puteiniwr gynt;
posiar yn gnapiau ysig,
pwys gŵydd wedi pasio o gig;
hir gorwgl, hwyr a garer,
44   hwyad a'i ffwrch hyd ei ffêr;
hergod ni ad ei hargoel
hur ar ei march, herwr moel;
hadlestr wrth fôn rhyw hudlath,
48   hwyr i ferch hurio ei fath;
cnepyn wrth dy gŷn a gad,
cnwp gŵyr fal cnap agoriad;
cod eirin, was cedorawg,
52   caliwr hen a'i cêl yrhawg;
codaid o hen drec hudol,
cwd yn y ffwrch, ceudin ffôl;
cwman gwrach cymin â gren,
56   caul aruthr wrth fôn cloren;
crug tin crwgwt ei annel,
crwn ei bais fal croen y bêl;
ysgrepan, llesg yw'r hepil,
60   ystên hers, oes dyn o'i hil?
Dygn yw pwn dy gŷn pennoeth,
dwy gaill yn un dagell noeth;
dwy bellen planbren y plu,
64   Deio ŵydd yn dywyddu;
dywydd o geilliau duon,
dyn â'r bêl dan yr iau bôn;

You were able to bear off the prize and lose it,
your balls bore better.
A rupture is nasty and does no good,
ointment box of pubic hair and gut;
a drag-net [?] like Iorwerth Three-balls,
blunt scrotum like a flour bumsack;
hairy coat around a ball of lead,
apron made of a heavy-bottomed net [?];
a pap the shape of a piper's bag,
it's a big ball at the base of a pole;
a spear and hammers, repulsive shaft,
your belly's pack, vile fulling-mill;
a pound of wax, testicles' coats,
water pitcher weighing on the arse;
paunch of puss, whore's course,
purse of a former whoremonger's crotch;
swollen knobs like a fat hen,
a goose's weight of bruised flesh;
long coracle, it's not likely to be loved,
a duck with its haunch down to its ankles;
a lump whose symptom doesn't allow
its horse to be hired, bald brigand;
a seedbox at the base of some magic wand,
a girl is unlikely to employ such a thing;
a boss has appeared by your chisel,
a knob of wax like the boss of a key;
testicle bag, well-hung lad,
an old fornicator will hide it henceforth;
a bagful of a sorcerer's old gear,
a bag in the crotch, a fool's hollow arse;
a hag's rump as big as a tub,
a huge paunch at the base of the tail;
arse's hillock bent crooked,
round its coat like the skin of the ball;
satchel, the offspring is sluggish,
pitcher of the arse, does it have any descendant?
Severe is the burden of your bareheaded chisel,
two testicles making one bare double chin;
two balls of the feathered dibble,
Deio's goose swelling with milk;
a swelling of black testicles,
a man with the ball under the base yoke;

maneg i ladd mawn a glo,
68 mail sebon moel ei siabo;
moeledd fal orddwyn melin,
mail ar dwll ymylau'r din;
maen pwys o'r man y pisir,
72 meipen had mab hŵen hir;
un chwydd o wenwyn a chur,
a chwysigen, ych segur.

Y ddwygaill heb feddygon
76 a diwedd haint a dawdd hon.
Uchenaid yt, achwyn dig,
a siom oedd eisiau meddig.
Aed dy waelod hyd diliw
80 waethwaeth byth a'th wayw a'th biw,
a'th bwrs yn rhydrwm i'th big,
a'th adar yn fethedig,
a'th lefain a'th wylofedd,
84 ac o'th fors gwae'r wraig a'th fedd.

a glove to cut turf and coal,
soap bowl with a bald sprinkler;
baldness like the rammer of a mill,
a bowl on the hole of the arse's rim;
a weight stone from the pissing place,
seed turnip of a tall owl's son;
one swelling of poison and throbbing,
and a bladder, idle ox.

Without doctors and the end of disease
this will melt the two balls.
A groan for you, grievous complaint,
and a disappointment was the lack of a doctor.
Until the flood may your bottom
get ever worse, and your spear and your udder,
and your purse too heavy for your beak,
and your birds incapacitated,
and your crying and your lamentation,
and because of your rupture woe the wife who has you.

29 Dychan i Gal Dafydd ab Edmwnd

Guto'r Glyn

Fe ymddengys oddi wrth l. 39 fod Guto wedi ateb dychan Dafydd y diwrnod canlynol, fel rhan o ddiddanwch rhyw ŵyl mae'n debyg. I werthfawrogi digrifwch ei ateb dylid cofio mai dyn bach o gorff oedd Dafydd ab Edmwnd.

Dafydd fab, difudd ei fod,
Edmwnt glermwnt, gal ormod,
Deio gul, hir yw dy gŷn
4   fal y bydd ar fol bawddyn.
Tripheth i ŵr a fetho
â tua'r llawr fal tor llo:
ei gal a'i glod a'i galon,
8   a'r tri i'th ran di y dôn'.

Ai gwir bod yt, y gŵr bach,
waglwyfen o gal afiach?
Gormes heb na gwres na gwrid,
12   gwrysgen aeth i gau'r esgid;
gwythen hir, gwaeth yw no'i hyd,
gwan ei chefn, gwn na chyfyd.
Gwae fi rwymo gafr Iemwnt
16   wrth ystâc ar waith ystwnt.
Y mae arf yt fal morfarch,
a main wyd fal myn i'w arch.
Caliog wyd yn lle colwyn,
20   coes a dyr yn ceisio'i dwyn,
cal ddiffaith fal Clawdd Offa,
cyhyd ei phig â'r coed ffa.
Meddylia am ddwy olwyn
24   a char trol i ddyrcha'r trwyn.
Wrth ei phwys yr aeth ei phen -
och drymed faich dy rumen! -
a'i blaen fal trosol y blaid,
28   a'i bôn fal corff heb enaid.

29 Satire on Dafydd ab Edmwnd's Penis

Guto'r Glyn

It seems from l. 39 that Guto answered Dafydd's satire the following day, probably as part of the entertainment during some holiday festivities. To appreciate the humour of his reply it should be borne in mind that Dafydd ab Edmwnd was very small of stature.

Dafydd, worthless his existence,
son of Edmwnd the minstrel, oversized prick,
thin Deio, your chisel is so long
that it will be on a knave's belly.
Three things of a failing man
go towards the floor like a calf's stomach:
his prick and his fame and his heart,
and you've got all three.

Is it true that you have, little man,
a linden tree of a diseased prick?
A gigantic thing without heat or glow,
a branch which went to tie the boot;
a long vein, it's worse than its length,
weak its back, I know it won't rise up.
Woe is me that Iemwnt's goat has been bound
to a stake shaped like a barrel.
You've got a weapon like a whale,
and you're thin like a kid around its trunk.
You're a puppy with a big prick,
a leg will break trying to carry it,
a wasted prick like Offa's Dyke,
with a beak as long as the beanstalks.
Think of two wheels
and a cart to lift up the nose.
Its head hung down limp -
oh how heavy is your belly's burden! -
and its tip like the bar of the loomshaft,
and its trunk like a body without a soul.

Iechyd oedd i'th freichiau di
o chaud dwyg i'w chwtogi:
gwisg lowdr a gwasg y gledren,
32   gwna fforch i gywain ei phen;
gwea dy sanau'n geuon,
gwna wain hir y ganno hon.
Ô thyr hi â wrth ei hyd
36   allan tag fal Llyn Tegyd.

Y mae anaf i minnau,
gad ei ddwyn i gyd y ddau.
Doe y haeraist, dihiryn,
40   dyrfu 'nghwd dan dor fy nghŷn,
a bod pledr wrth fy mhedrain,
a briwo 'mol yn bwrw main.
Y naill wyf er ennill had
44   ai tarw main ai tremyniad.
Y naill ydwyd anlladach
ai Lwmbart ai baeart bach.
Arthur wyf wrth hir ryfel
48   geilliau'r baedd heb golli'r bêl.
Llibin llostfawr, cerddawr cod,
lle delych nid llai d'aelod.
Pand da y gwedda, pont gwyddau,
52   pwys y tors gyda'r fors fau?
Potel dan bestel bostiwr,
pe caid mwya' gaflaid gŵr;
pêl drom bôn paladr amws,
56   prennol wrth drosol y drws;
pâr anferth pae ŵr ynfyd,
prid i gont pe rhoid i gyd.
Gwna'r naill ai dwyn y ceilliau,
60   ai rhoi'r tors wrth y fors fau.
Y Dai, ni allud ei dwyn
ar d'ysgwydd er dau Wasgwyn.
Danfon ym, rhy dinfain wyd,
64   dy fonllost, Deio finllwyd.
Gad fi i gadw y god fêl,
gado'r gastr gyda'r gostrel.

It would do your arms good
if you got a garment to tuck it up:
put on trousers and squeeze the stave,
make a forked stick to gather in its head;
weave your socks with closed ends,
make a long sheath to contain this.
If the sheath breaks its full length
will pour out like Lake Tegyd.

I too have a defect,
let us two bear it together.
Yesterday you claimed, you rogue,
that my scrotum crashed below the belly of my chisel,
and that there was a bladder against my hind quarters,
and that I'd damaged my stomach throwing stones.
As far as producing seed goes I'm either
a thin bull or a goblin.
You more wanton are either
a Lombard or a little bay-horse.
I am Arthur of the boar's testicles
in a long war without losing the ball.
Big-tailed floppy one, bagpipe player,
where you come your member is no smaller.
Doesn't the torch's weight go well,
goose bridge, with my rupture?
A bottle under a boaster's pestel,
it would be the biggest groinful ever seen on a man;
a heavy ball at the base of a stallion's shaft,
a casket by the door bar;
the massive spear of a mad mercenary,
severe for a cunt were it all put in.
Either you carry the balls,
or else put the torch by my rupture.
Dai, you couldn't carry it
on your shoulder with the help of two Gasgon horses.
Send me, you're too thin-arsed,
your tail, grey-edged Deio.
Leave me to keep the honey bag,
leave the stallion's penis with the flagon.

30 Englynion

Thomas Evans

Uchelwr o Hendreforfudd yn Sir Ddinbych ar ddechrau'r 17eg ganrif oedd Thomas Evans, awdur yr englynion hyn. Maent ar glawr yn ei law ei hun, ynghyd â nifer o rai eraill o naws gyffelyb megis rhif 17 uchod, yn llawysgrifau Caerdydd 12 a Llyfrgell Genedlaethol Cymru 1553.

Aelodau Rhywiol Mab a Merch

Mae ar ferch llannerch llawenydd - ynghudd
    yng nghydiad morddwydydd;
  digrifwch mab digrefydd,
  prennol ar lun gwennol gwŷdd.

Gwennol i'r prennol, pur annerch, - a ffowsed,
    ni orffwysa traserch;
  pibell annwyl gan wylferch,
  mwyn gŷn a gais mortais merch.

Gan fab mae tegan i ferch - i'w garu,
    agoriad clo traserch,
  cenhinen laswen loywserch,
  blaguryn, llysiewyn serch.

I Ferch

Myn fy mhen gwen, liw gwin - y bore,
    mi a barwn yt chwerthin
  o ca' i daro cwd eirin
  yn gocwllt ar dwll dy din.

Rhoi'r Ffidil yn y To

Yn iach bawb bellach, mae pen - ar dymor
    i Domas am fargen;
  od aeth fy nghal fel malwen
  nid a' i mwy i gyfrwy gwen.

30 Englynion

Thomas Evans

Thomas Evans was squire of Hendreforfudd in Denbighshire in the early seventeenth century. His englynion are preserved in his own hand, along with many others of a similar nature such as no. 17 above, in MSS Cardiff 12 and National Library of Wales 1553.

The Male and Female Sexual Organs

There is on a girl a glade of joy hidden
    in the join of the thighs;
  the pleasure of an ungodly lad,
  a coffer in the shape of a weaver's shuttle.

A shuttle to the coffer, pure greeting, and a faucet,
    lust never rests;
  pipe beloved by a coy girl,
  pleasant chisel which seeks a girl's mortice-hole.

A lad has a toy for a girl to love,
    the key to lust's lock,
  pale-white amorous leek,
  the shoot, the plant of love.

To a Girl

By my head girl, colour of wine in the morning,
    I'd make you laugh
  if I can put my balls
  as a hood on your arse-hole.

Farewell to Arms

Farewell everyone now, the season for a bargain
    is at an end for Thomas;
  if my prick has gone like a snail
  I'll go no more into a girl's saddle.